Une Femme d'Influence

Judith Glory

DEDICACE

A toi maman Marie,
Toi qui m'a appris par ta vie, qu'une femme ou qu'elle soit
peu influencer sa famille, sa communauté et bien plus
encore par ses choix.

TABLE DE MATIERES

REMERCIEMENTS

A toi Yolande et toute la famille BEVO, merci pour le bel accueil et pour votre amour constant pour moi et ma famille. Sans votre aide, je n'aurai jamais pu écrire ce livre.

A la famille DUBUISSON, Clermencia, Gerald et vos merveilleux enfants ; pour tout ce que vous avez fait et continuez d'être là pour nous.

A la famille WONG, Patricia, Stéphane, Emma et Terry ; votre support pour nous demeure grave dans nos cœurs.

JUDITH GLORY

INTRODUCTION

"Femme d'influence ! Oh mon Dieu Judith, je ne savais pas que tu voulais influencer les gens. Depuis tout ce temps que je te connais, tu es plutôt du genre calme et serein, décontracté. C'est quoi cette histoire d'influence ?"

C'est la réaction d'un de mes mentors quand je lui ai fait part de mon projet d'écrire ce livre. Tout comme lui, beaucoup de gens associent l'influence à l'autorité, avoir le pouvoir sur la vie des autres... En effet, il y a cette connotation d'influence. Cependant, l'impact de l'influence est double : bonne ou mauvaise influence ! Et si chaque femme, lisant ce livre, décidait de faire ce qu'il faut pour avoir une bonne influence dans la vie des gens avec qui elle interagit quotidiennement à la maison, au travail et dans sa communauté ?

Après lui avoir expliqué le sens que je donnais à l'influence, mon mentor m'a interrompu et m'a demandé : "Si c'est le sens que tu donnes à l'influence, c'est quoi le lien entre l'influence et le fait d'atteindre le sommet ?"

Vous avez peut-être la même question, n'est-ce pas ? Lorsque vous ne connaissez pas la direction à suivre pour aller de l'avant et que vous avez besoin de quelqu'un pour vous guider, regardez-vous devant ou derrière ? Quand vous avez besoin d'inspiration, d'un guide ou d'une personne que vous voulez prendre pour modèle, est-ce que vous regardez en bas ou en haut ? Vous regardez vers le haut. Vous regardez devant vous. Vous pointez le regard vers le sommet.

En d'autres termes, pour être un modèle et influencer la vie des autres qui se tournent vers nous, nous devons d'abord réussir. Ensuite, nous lier aux autres et comme un fleuve, permettre au fleuve de la croissance, de passer de nous à autrui. Ce n'est qu'alors que nous serons en mesure d'influencer les autres.

Ce livre a pour but de montrer aux lecteurs comment atteindre le sommet, comment réussir, puis comment aller plus loin et avoir un impact positif sur la vie des autres par une influence positive.

J'ai écrit ce livre parce que je suis entourée de femmes, de femmes intelligentes au travail, d'un groupe remarquable de femmes et de femmes qui peuvent être des vecteurs de changement efficaces où que nous soyons.

Il y a tant de femmes qualifiées et talentueuses dans le monde des affaires, mais en général ces femmes ne libèrent pas tout le potentiel qu'elles sont capables de libérer. Elles ne prennent pas la place qu'il faut et ne connaissent pas tout l'impact qu'elles peuvent engendrer sur les autres pour diverses raisons.

J'ai écrit ce livre, parce que je veux que chaque femme sache qu'elle a le potentiel d'avoir un impact incroyable. Que chaque femme prenne conscience de ce qui suit : "Vous êtes une femme d'influence, pour que vous décidiez de vous engager dans votre cheminement vers une croissance personnelle qui vous mènera au succès et depuis votre position, avoir un impact positif pour votre environnement et votre monde".

En fin de compte, si après avoir lu ce livre, vous vous

décidez et choisissez d'être une personne qui veut réussir et qui veut avoir un impact positif sur les autres, alors chaque heure prise pour écrire ce livre en aurait valu absolument la peine. Parce que je crois sincèrement que vous êtes une femme d'influence. Vous avez ce qu'il faut et bien plus encore. C'est à vous de choisir. J'espère qu'en parcourant ce livre, vous prendrez conscience de tout le potentiel que vous avez et choisirez de le laisser s'exprimer.

Dévorez et appréciez chaque page du livre, et veuillez me faire part de ce que vous en pensez ou comment améliorer le livre, car j'aimerais vraiment avoir de vos nouvelles pour m'assurer que la prochaine version puisse contenir des informations beaucoup plus précieuses et mieux adaptées sur la base des commentaires que vous nous m'aurez laissés.

Merci d'avoir acheté et lu ce livre !

JUDITH GLORY

1 OUI, JE VEUX ETRE UNE ....

Je suis née dans une famille de sept enfants, la cinquième d'une famille très humble. Mon père en était le seul pourvoyeur de notre famille. Je veux dire, qu'il était la seule personne qui travaillait et qui gagnait un revenu nécessaire pour notre famille de neuf personnes. Ma mère était mère au foyer et mon père était orphelin. Il avait perdu son père et sa mère quand il était encore enfant. C'était donc très difficile pour ma famille et pour moi. Nous n'avions pas beaucoup de choix en termes de nourriture, de vêtements et de styles de logement. Je ne parle même pas de passe-temps, de voyages ou d'autres activités de loisirs.

Pour ma famille, pour mes parents, le succès signifiait que je devais être une enfant obéissante, une adolescente obéissante avec de bonnes études, de bons diplômes. Je devais atteindre le plus haut niveau possible et qu'ensuite avec ses antécédents de bonne fille, je devais éventuellement me retrouver avec un bon mari. Comme vous le savez, je viens d'Afrique et les choses là-bas sont assez différentes par rapport à l'occident, bien que cela ait évolue un peu. Il y avait parfois beaucoup de familles où les filles n'allaient pas à l'école. Mais heureusement pour moi, mon père m'a donné une chance, même si dans sa tête, réaliser une bonne affaire signifiait pour lui d'avoir des filles bien instruites, afin qu'elles aient de meilleures chances de trouver le meilleur type de mari. Et c'est tout ce que cela signifiait pour eux.

Pour moi, le succès signifiait que je devais être une bonne enfant, obéissante et travailleuse. Je voulais vraiment faire plaisir à mes parents et donc cela voulait dire être la première de la classe, être celle qui avait les plus belles notes. Ainsi, avoir un si grand succès voulait simplement dire être la meilleure. C'est exactement la raison pour laquelle, pendant longtemps, mon slogan était "être la meilleure !".

Quand j'avais environ sept ans, il s'est passé quelque chose dans ma vie. J'ai été témoin de la maltraitance de plusieurs femmes par leurs propres maris. Ces femmes-là étaient celles qui s'occupaient des enfants, pourvoyaient à manger, entretenaient la maison et faisaient le ménage tout en veillant au bon état et à la bonne tenue des lieux. Mais cependant, quand leurs maris revenaient de leur travail, ils les battaient et les maltraitaient. Malgré tous les efforts consentis pour comprendre le pourquoi de cet acte, je ne trouvais pas d'explication à une telle attitude, je ne pouvais pas comprendre pourquoi ces hommes-là avaient ce genre d'attitude là envers leurs femmes.

J'ai donc posé la question à ma mère car je voulais absolument comprendre pourquoi les femmes acceptaient ces mauvais traitements et sa réponse était simplement : "... Ce sont des femmes Judith, juste des femmes et même si elles en ont marre d'être battues comme ça, où vont-elles aller ? Oh mon Dieu, j'étais sidérée ! C'est tout ce qu'elle avait à dire sur la mauvaise attitude de ces hommes ? Ainsi ce que j'ai compris de sa réponse, c'était quelque chose du genre : "OK, en tant que femme, tu es venue au monde pour encaisser et accepter tout ce que ton mari fait ou te balance à la figure. Où trouveras-tu les moyens de prendre soin de toi et de tes enfants si tu voulais t'en aller ? Vous feriez mieux d'être gentille avec votre homme et de bien prendre soin de lui, sinon en plus de prendre soin de vous et de vos enfants, il vous battra et vous maltraitera autant et aussi souvent qu'il le souhaiterait.

Je me demandais si cela signifiait que, en tant que fille, je ne pouvais pas prendre soin de moi. Pourquoi aurais-je besoin d'un homme pour prendre soin de moi ? Pourquoi je le supplierais de prendre soin de moi alors je pouvais prendre soin de moi-même ? Qui a même dit que les femmes ne pourraient pas prendre soin d'elles-mêmes, avoir une brillante carrière et réussir si elles avaient les talents et les aptitudes nécessaires pour le faire ?

Quoi qu'il en soit, après avoir vu tant de cas de ces hommes qui ne traitaient pas bien leur femme mariée, qui dépensaient tout leur salaire avec des prostituées, qui ne subvenaient pas aux besoins de leurs enfants et de leur famille, mais qui rentraient chez eux juste pour les blesser, je me suis promis de travailler dur et aussi longtemps que nécessaire pour ne pas permettre à aucun homme de me traiter en chiffon car je serai aussi autant compétent que lui, voire plus, et ainsi capable de prendre soin de moi et de ma famille.

Malgré mes sept ans, j'ai décidé que j'irais à l'école. Que j'obtiendrais les meilleures notes. Que je ferais les plus grandes études, mais que jamais au grand jamais, je ne laisserai un homme me traiter de la sorte pour ainsi dire.

Ainsi pour tenir cette promesse que je me suis faite, j'ai travaillé avec acharnement, j'ai terminé deux années d'études en une seule. J'ai réussi deux examens du conseil scolaire secondaire dans la classe avant celle où l'examen était censé être passé. La passion d'être la meilleure et la détermination d'être une femme bien éduquée et qui pouvait réussir, alimentait mes progrès. J'ai continué comme cela jusqu'à ce que je termine ma licence. Quand j'ai obtenu mon diplôme universitaire, mon père m'a dit à quel point il était fier de moi. Il a dit, qu'il pensait avoir fait de son mieux pour moi et qu'il était fier de la femme que je suis devenue. Pour lui, j'étais déjà une réussite et il ne me restait plus qu'à trouver un mari digne de ce nom pour moi. Cette étape a également marqué la fin du soutien financier de mon père.

Or je voulais plus, plus de compétences, plus de formation, plus de diplômes et de certificats. À l'époque, il fallait plus de qualifications et d'assurance pour avoir un meilleur emploi.

N'avoir aucun soutien financier de mon père n'était pas un problème pour moi parce que je suis une personne de foi et depuis que je suis devenue croyante, dans mon cœur, j'ai toujours pensé pouvoir faire toutes choses par Christ qui me fortifie. Eh bien oui, je suis chrétienne, je crois vraiment en Dieu et je crois qu'il y a un être supérieur. Mais je crois aussi en Jésus et que par le Christ, tout est possible.

Donc, quand j'étais jeune, je ne me limitais pas à ce qui était possible, parce que j'ai toujours pensé que si Dieu est pour moi, personne ne peut être contre moi, pour tout projet, initiative que je pourrais avoir. Si Dieu disait oui, alors cela arriverait. C'est aussi pourquoi si vous regardez mon Curriculum Vitae détaillé, vous remarquerez que je pouvais passer de la microbiologie aux technologies de l'information (maintenance informatique, réseaux informatiques, conception web...), puis de la technologie à la présentation de programmes télévisé, puis aux ventes, à l'entrepreneuriat, puis de nouveau aux technologies... Je suis convaincue que quiconque croit dans son cœur qu'il peut accomplir quelque chose et y consacre le temps requis pour en apprendre les règles, il peut bien réussir et y parvenir...

Si on vous donne du temps, si vous vous donnez du

temps pour accomplir quelque chose et que vous faites ce que vous devez faire, vous étudiez, vous apprenez de ceux qui l'ont déjà fait. Il n'y a rien que vous ne puissiez accomplir dans les années à venir. J'ai terminé mes études universitaires, j'ai un MBA, de nombreuses certifications dans le domaine de la technologie, comme celles de Cisco, Microsoft et beaucoup plus encore. J'ai travaillé et je continue de travailler pour de grandes organisations comme des multinationales, des institutions financières. J'ai gagné un prix d'entrepreneuriat, j'ai pu émigrer d'Afrique vers le Canada où je vis actuellement. Ici, Je travaille pour une autre grande entreprise, une des meilleures entreprises nord-américaines. Eh bien, à mes yeux, ça ressemble plutôt à un succès, et aux yeux de beaucoup aussi.

Je parle de tout cela non pas pour me vanter, mais plutôt pour vous encourager, vous tous, qui lisez ce livre, pour que vous sachiez, voyiez et soyez prêt à faire le maximum pour atteindre les sommets et réussir dans votre vie. En conséquence, si je devais m'arrêter et me fier à mes origines, j'aurais dit: "Oh, pauvre de moi. Pourquoi suis-je né en Afrique ? Pourquoi suis-je noire ? Pourquoi ne suis-je pas l'enfant d'un homme riche qui a beaucoup d'argent avec beaucoup de personnes travaillant pour lui... ? Pourquoi pas juste l'enfant d'un des élites de cette ville, ou d'un riche héritier... Pourquoi ai-je dû naître dans une famille où un seul parent travaille, tous deux orphelins depuis leur tendre enfance ? Pourquoi suis-je dans une famille, d'une région où les gens considèrent que les femmes doivent être belles et avoir des enfants ? En fait, je pourrais juste m'attarder et rester pour toujours dans le pourquoi. Mais voyez, j'ai choisi de croire que je peux tout faire par le Christ qui me fortifie et je ne laisserai jamais rien m'arrêter. Même si vous n'êtes pas une personne de foi, si vous êtes convaincu que vous POUVEZ atteindre le sommet, personne ne peut vous arrêter, sauf vous-même.

Grâce à la confiance que j'avais, j'ai pris les mesures, l'une après l'autre, qui a mené aux événements énumérés ci-dessus.

Dans ce livre, je veux vous montrer les points que j'ai suivis et que je suis sûre que si vous le faites aussi, vous arriverez au sommet. Dans le processus, vous allez changer. Vous allez grandir et vous deviendrez quelqu'un de différent, quelqu'un qui réussit. Si en plus de votre succès, vous vous préoccupez des autres et choisissez de servir les autres, votre statut sera aussi une forme d'inspiration et d'influence pour beaucoup. Les gens remarqueront et verront tout ce qui se passe dans votre vie et certains le voudront aussi dans leur vie.

Je pense que c'est le point le plus important pour tout le monde. Peu importe que vous soyez une jeune fille, une jeune dame ou une femme, peu importe dans quelle partie du monde vous êtes, votre culture, vos antécédents, votre niveau d'étude, vos origines, votre famille etc... ; vous décidez vous-même de comment accéder au sommet. Vous disposez des moyens pour y accéder quoi que cela représente pour vous et cela vaudra pour tous.

Même si vous avez entendu plusieurs fois, la phrase ".... Oh mais vous n'êtes qu'une fille/femme, les femmes ne font pas ceci ou cela... Vous n'aurez jamais la reconnaissance que vous méritez. Vous êtes une femme...". C'est spécialement pour vous que j'ai écrit ce livre.

Bienheureuse reine, fleur gracieuse, vous êtes la création de Dieu par excellence, sa dernière. En vous il a mis toute l'expérience et la beauté acquise lors des jours précédents de la création. Alors ma chère, que personne ne vous empêche d'oser et d'atteindre le sommet que vous visez parce que vous pouvez y arriver si vous avez confiance en vous et agissez en conséquence pour y arriver.

Cette affirmation est vraie aussi bien pour n'importe qui où qu'il soit, dans son voyage, n'importe qui, quel que soit son parcours, de n'importe qui, peu importe ce que tout cela coûtera, peut réussir et très bien réussir.

Nous couvrirons les aspects psychologiques de l'ascension vers le sommet, puis les choses pratiques à faire, à développer ou à apprendre pour y parvenir. Nous en ferons également des étapes et des actions pour ce qui est de la partie mentale, de la partie pratique et de ce que cela signifie réellement pour réussir. Et tout en partageant ces points, je pense qu'ils sont pertinents pour vous aussi, peu importe où vous en êtes dans votre cheminement.

Peu importe ce que vous voulez réaliser, vous pouvez le faire et certainement réussir. Je vais nous montrer et partager les outils, quelques feuilles de travail et quelques instruments que vous pouvez utiliser et appliquer quotidiennement pendant que vous lisez le livre. Mais où que vous soyez, je suis tellement convaincue que si vous suivez les conseils, si vous les mettez en pratique dans votre propre vie, vous reviendrez certainement dans la communauté et partagerez votre histoire à succès car le succès repose sur vous. Vous définissez ce que le succès signifie pour vous, et vous êtes la personne qui doit se tenir debout et faire en sorte que cela se concrétise.

L'une des percées majeures que j'ai eues, et que je veux évoquer, est le fait que j'ai réussi à décrocher une maîtrise en administration des affaires même si je viens d'un milieu familial plutôt pauvre, ce qui est mémorable à mes yeux.

Au moment où j'ai décidé d'opter pour ce programme, je ne gagnais pas beaucoup d'argent, seulement environ 250 $ par mois. Avec ce salaire, j'ai dû prendre soin de moi et de ma petite fille en tant que mère célibataire. Tous ceux avec qui j'ai partagé mon projet m'ont trouvé un peu folle, de me lancer dans un tel projet, car les gens pouvaient voir que je ne roulais pas sur l'or. Mais plutôt que j'étais en fait une fille simple, une fille qui prend un jour à la fois et qui arrive à joindre les deux bouts. Pourquoi diable oserais-je me lancer dans un rêve aussi difficile ?

Pour certains, j'avais déjà eu beaucoup de succès du fait d'avoir obtenu mon diplôme universitaire et d'avoir trouvé un emploi. Pourquoi ne pouvais-je pas me contenter de ce que j'avais déjà... Je ne pouvais vraiment pas expliquer pourquoi, mais je voulais obtenir ce diplôme en gestion ? J'avais rêvé à un moment donné de fonder et de devenir propriétaire de mon entreprise. Il serait sûrement utile d'acquérir des compétences en gestion. Même si le rêve de devenir entrepreneur ne se réalisait pas d'ici tôt, j'ai pensé que des compétences en gestion seraient utiles dans la chaîne de télévision où je travaillais à cette époque-là.

Une chose importante que je souhaite souligner ici est aussi que, même si le coût d'un programme de MBA est très élevé, l'argent n'a jamais été pour moi un frein pour quoi que ce soit. En tant que personne qui croit, j'ai toujours pensé que si Dieu est d'accord avec mon projet, il le réalisera.

Était-ce parce que j'ai lu beaucoup de livres sur des leaders chrétiens qui avaient la foi et voyaient la providence de Dieu, comme George Müller, à qui Dieu donnait chaque jour de façon extraordinaire pour un orphelinat de mille enfants. Hudson Taylor, Charles Finney, John Wesley, Robert Letourneau qui pouvait vivre avec 10% de leur revenu en donnant 90%. J'ai toujours pensé et je continue de croire que l'argent n'est pas un problème qui pourrait nous empêcher d'accomplir quelque chose que Dieu veut que nous fassions.

J'avais un peu d'économies mis de côté depuis le temps que je travaillais. Le montant de ces économies pourrait être suffisant pour la moitié des frais de scolarité pour la première année, mais j'avais encore ¾ des frais de scolarité à trouver. Malgré les oppositions et les découragements des autres, j'y suis allé et j'ai postulé. Je n'ai pas été sélectionnée la première fois que j'ai postulé. J'y suis retourné et j'ai postulé une deuxième année, je n'ai pas été sélectionnée à nouveau, mais j'ai quand même postulé pour une troisième fois et cette fois-ci, j'étais parmi les quelques personnes retenues.

J'avais la résilience, la détermination et la décision de continuer jusqu'à ce que cela arrive.

Cette persévérance, résilience et détermination étaient nécessaires même pour le départ vers l'Amérique du Nord car on m'a refusé trois fois un visa de visiteur parce que je n'avais pas démontré à l'agent d'immigration que je retournerai dans mon pays après.

Ma demande de résidence permanente a pris environ quatre ans avant que la résidence permanente me soit accordée.

Le fait que j'insiste sur ces points est encore une fois pour vous faire savoir que tant que vous gardez votre concentration et continuez vers cet objectif que vous souhaitez atteindre, personne ne peut vous arrêter sauf vous-même.

En parcourant ce livre, vous apprendrez comment passer de votre niveau actuel au niveau suivant, puis au niveau supérieur, avec 10 points d'actions pour chaque recommandation. Si vous suivez les étapes et les mettez en œuvre dans votre vie, votre progression vers le sommet ou vers l'objectif qui représente le sommet pour vous sera garanti.

La première partie traitera de l'aspect psychologique de l'ascension vers le sommet. De la façon dont vous êtes entièrement responsable de vos résultats et vous ne devrez jamais blâmer quelqu'un ou quelque chose d'autre que vous-même pour vos résultats.

Nous verrons aussi que si le parcours vers le sommet est un jeu, alors ce jeu est gagné de l'intérieur. Comment les meilleures victoires à long terme, commencent de l'intérieur avant de se répandre à l'extérieur et comment nous le faisons.

Dans la deuxième partie, nous verrons comment s'investir pour aider les gens est un pari sûr pour atteindre le sommet, car les personnes mêmes que nous aidons, nous mèneront vers le sommet. Pour qu'ils s'ouvrent à nous afin que nous puissions les aider, nous avons besoin d'entrer en contact avec eux. Dans cette partie, nous apprendrons ce que je veux dire par établir des liens avec quelqu'un et l'aider, le faire grandir et s'investir pour lui donner ce qu'il y a de mieux et en faisant tout cela au mieux dans la mesure de nos capacités, notre vie, notre carrière et nos résultats seront meilleurs.

Dans la dernière partie du livre, nous étudierons quelques cas de femmes qui ont atteint le sommet en partant de tout petit début. Ce qu'il faut continuer à faire pour rester au sommet et comment nous pouvons vous aider à commencer votre périple vers le sommet.

J'espère qu'en vous engageant à prendre les mesures recommandées lorsque vous lirez le livre, vous prendrez aussi fait et cause pour devenir une femme qui va influencer son monde.

UNE FEMME D'INFLUENCE

2 VOUS ÊTES RESPONSABLE

« Je suis convaincu que beaucoup de gens ne savent tout simplement pas ce qu'il y a de disponible et comment il est possible de trouver un emploi et de gravir les échelons si vous êtes prêt à accepter de vous prendre en charge pour votre vie. Je sais ce que c'est que d'être au plus bas de l'échelle.
J'ai été fauché. J'ai été viré sept fois. Et je n'ai même pas de diplôme universitaire. Mais je n'ai blâmé personne d'autre pour mes problèmes. Je savais que si je n'essayais pas de les résoudre par moi-même ou avec l'aide d'amis ou de membres de ma famille, personne d'autre ne prendrait soin de moi. »
Rush Limbaugh

Au cours des décennies que j'ai vécu dans cette vie, j'ai appris que vous devez prendre vos responsabilités dans cette vie et ce simple acte de propriété changera votre approche de la vie, vous conduira vers votre réussite et vous mènera vers le haut.

Qui, selon vous, est responsable de votre ascension ? Ou, en d'autres termes, quels sont les facteurs qui, selon vous, peuvent vous empêcher de réussir, alors que vous êtes au sommet de votre art ?

J'ai obtenu diverses réponses à ces questions chaque fois que je les ai posées. Pour certains, la capacité de réussir dépend surtout de notre origine, de notre passé, de notre environnement, de la chance d'où nous sommes nés, de la volonté de Dieu, de la qualité de nos contacts...et bien plus.

Cependant, l'histoire et les expériences quotidiennes de notre vie nous montrent de nombreux cas de personnes qui, indépendamment de leurs origines, ont décidé de changer leurs résultats et de réaliser ce qu'elles attendaient. De tels exemples incluent des gens comme Joseph, personnage biblique, qui a été vendu comme esclave mais qui a choisi de faire confiance à ses valeurs et de s'y conformer. Il a vécu pour être l'une des personnes les plus influentes en Egypte après le Pharaon. On peut aussi citer Bartimée, aveugle de naissance, qui refusa de s'installer et continua d'agir selon son espérance jusqu'au jour où Jésus le guérit et lui permit de vivre la vie dont il rêvait, de voir et de faire les choses qu'il voulait accomplir.

Parmi les gens qui vivent encore aujourd'hui, il y a Tony Robbins ou Les Brown qui avaient beaucoup de mal à s'en sortir, mais qui se sont battus pour changer leur histoire et leur vie.

Un point commun entre ces gens, ceux de la Bible et ceux qui vivent encore aujourd'hui, c'est qu'ils savaient que si quelque chose devait changer dans leur histoire, c'était à eux de le faire.

Les Brown a dit : "Si tu prends tes responsabilités, tu auras une soif de réaliser ton rêve." Et Tony Robbins : "Chaque jour, montez la garde à la porte de votre esprit, et vous seul décidez quelles pensées et croyances vous laissez entrer dans votre vie. Car ils détermineront la manière dont vous

vous sentez, riche ou pauvre, maudit ou béni."
Ils ont mis en pratique ce qu'ils ont conseillé et sont
aujourd'hui parmi les personnes les plus citées, qui ont
atteint le sommet et qui sont une source d'inspiration et
influencent beaucoup de gens de par leurs histoires.

Vous pouvez dire : "Eh bien, ce sont Tony ou Les ! Je suis
juste moi, une femme ! Je n'ai pas leurs capacités, leurs
compétences, leur détermination... Vous n'avez pas idée à
quel point j'ai été malheureuse ! J'ai été une petite fille
fragile, abandonnée et violentée...sans personne pour être
là pour moi !" Je vous le dit, je comprends tout à fait. Mais
avez-vous remarqué que dans votre déclaration, c'est vous
qui décidez des mots et des adjectifs pour décrire votre
passé, votre présent et votre avenir ? C'est vous qui
choisissez comment décrire et utiliser tout ce qui vous est
arrivé dans le passé, comment l'utiliser pour affecter le
présent et l'avenir. Toujours en pensant à Tony Robbins,
pour lui : "Chaque problème est un cadeau, sans
problèmes nous ne grandirions pas... De votre douleur la
plus profonde viendra votre plus grand cadeau, mais cela
ne peut arriver que lorsque vous prenez le contrôle du
sens."

Vous choisissez le sens que vous donnez à tous les
problèmes, votre histoire, votre origine, votre sexe, votre
passé, votre environnement ou toute autre raison que vous
citez comme facteurs qui pourraient vous empêcher
d'atteindre le sommet, de réussir et d'avoir l'influence que
vous souhaitez avoir dans votre vie.
Parce que vous ne pouvez pas conduire les autres tant que
vous n'avez pas d'abord appris à vous conduire vous-
même.

Vous êtes totalement responsable de votre vie. C'est le
principe fondamental que vous devez adopter si vous
prévoyez le bonheur et le succès dans la vie et au travail.

Pour beaucoup de gens, tout est la faute de quelqu'un d'autre. Chaque problème peut être expliqué par des raisons pour lesquelles il ne peut pas affecter la situation ou le résultat, surtout au travail.

Mais sans prendre de responsabilités, vous avez d'autant plus de chances de considérer votre carrière comme un échec parce que vous avez laissé le vent vous souffler dessus, tout en blâmant le vent pour la tournure des événements. Lorsque vous n'arrivez pas à donner une orientation à votre vie et que vous n'assumez pas l'entière responsabilité de vos actes et résultats, vous ouvrez la voie à une vie misérable, une vie qui ne répond à aucun de vos rêves et aspirations.

Jason Giambi a dit à juste titre : "J'ai appris qu'il faut se prendre en main dans ce jeu et s'en sortir."

Il est très important que vous appreniez à vous débrouiller seul, à vous appuyer sur vous-même en premier pour amener à l'existence tout changement que vous souhaitez apporter dans votre vie. Ne dis-t-on pas souvent "aide-toi et le ciel t'aidera" ?

Dans le processus de développement personnel, de la gestion de soi, il ne s'agit pas seulement de votre réaction. Dans quelle mesure réussissez-vous à atteindre vos objectifs en vous motivant ? Disons, par exemple, que vous avez pris quelques kilos pendant la période de Noël et que vous devez ensuite perdre ces 10 ou 20 kilos ? Êtes-vous doué pour vous motiver à faire ce qu'il faut pour faire de l'exercice, faire plus d'exercice et manger moins ? Ou avez-vous besoin de quelqu'un derrière vous pour vous pousser, à vous encourager à passer à l'action ? Si vous ne pouvez pas vous motiver tout seul, vous ne pouvez en aucun cas motiver et influencer les autres. Si vous ne pouvez pas faire votre propre devoir et si vous n'avez pas la discipline qu'il vous faut, il n'y a aucune chance que vous puissiez atteindre le sommet parce que pour atteindre le sommet, vous avez besoin de grandir.

Il faut être le meilleur dans ce que l'on fait et pour y parvenir, il faut beaucoup de discipline. Êtes-vous une personne auto-disciplinée ou avez-vous besoin de quelqu'un derrière vous pour vous pousser ?

Je veux juste que ce fait soit clair dans votre esprit. Pour atteindre le sommet, il faut être discipliné et être le meilleur dans son jeu. Afin d'être le meilleur dans votre jeu, vous devez vous exercer et grandir. Vous devez apprendre à vous développer et pour y parvenir, vous avez certainement besoin de vous pousser, et vous devez vous motiver à le faire.

Pour que les gens puissent vous suivre, ils ont besoin de voir un bon exemple en vous. Ils ont besoin de s'identifier à vous et de trouver quelque chose qui vous inspire et dont ils ont besoin et que vous avez.
La vie des autres serait influencée par les choses qu'ils vous voient faire. Les qualités qu'ils voient en vous. Donc si vous avez vous-même besoin d'être porté avec une cuillère, il n'y a aucun moyen qu'ils pourront vous suivre puisque vous avez vous-même besoin d'aide.

"Vous ne pouvez pas donner aux autres ce que vous n'avez pas..."

C'est pourquoi Henry Cloud a dit : "D'une manière bien réelle, l'appropriation est l'essence même du leadership. Quand on est 'ridiculement responsable', on est maître de tout ce qui se passe dans une entreprise, une école, et cetera."

Robin Sharma, j'adore la façon dont il l'a dit, a affirmé : "Vous ne pouvez pas mener les autres avant d'avoir d'abord appris à vous conduire vous-même".

Alors, cette question s'adresse à vous tous. Dans quelle mesure êtes-vous douée pour vous conduire vous-même ?

Ce n'est pas grave si vous ne savez pas, mais quel est votre plan pour vous amener à grandir et à vous prendre en main si vous n'avez pas le contrôle de votre propre vie en ce moment ?

Il n'y a aucun moyen pour vous de donner aux autres ce que vous n'avez pas. Vous ne pouvez pas conduire les autres si vous ne pouvez pas vous changer vous-même. Donc ça commence avec vous.

Si vous êtes déjà en mesure de bien faire, alors vous pouvez passer au chapitre suivant. Sinon, alors que comptez-vous faire ?

Dans le prochain paragraphe, je vais partager un exercice et quelques actions que vous pouvez entreprendre pour vous développer, pour prendre votre vie en main et avoir la détermination pour vous conduire là où vous voulez aller.

- Avez-vous de l'influence sur vous ?
- A quel point êtes-vous doué pour vous gérer ?

Exercice sur la responsabilité :

Je vous suggère de prendre un peu de temps maintenant et de prendre votre bloc-notes, puis de faire l'exercice suivant et de vous poser les questions suivantes, en étant aussi honnête que possible avec vous-même :

1. Quels sont les facteurs qui, selon moi, peuvent

m'empêcher d'atteindre le sommet ?
Énumérez les réponses qui vous viennent à l'esprit, en particulier celles que vous chuchote votre voix intérieure.
Ex : mon milieu familial, mon sexe, ma couleur, mon environnement...

2. Maintenant, parcourez votre liste et demandez-vous pour chaque élément de la liste :
a. Quel sens dois-je donner à cet élément ?
b. Pourquoi est-ce que je crois que c'est un obstacle qui m'empêche d'atteindre le sommet ?
c. Existe-t-il un cas, ne serait-ce qu'un seul, qui prouve que j'ai tort sur le sens que je donne à cet élément-là ?
d. Comment puis-je faire de cette pierre de blocage un tremplin ou mieux encore une pierre angulaire ?

Pendant que vous passez en revue ces questions, écrivez sans la moindre rétractation, toutes les idées qui vous viennent à l'esprit, tout ce qui vous vient au cœur comme réponse à ces questions.

3. Quelles mesures dois-je prendre dès aujourd'hui pour que chaque expérience passée, douleur, problème ou carte que la vie me jette soit utilisée pour m'aider à atteindre le sommet et non comme une raison de désespérer et d'abandonner sur le chemin menant vers le sommet ?

Note tes réponses et engage-toi.

Le simple fait de prendre le temps de faire cet exercice montre que vous voulez vraiment atteindre le sommet. Excellent choix !

Si vous êtes allé jusqu'à identifier les raisons pour lesquelles vous n'êtes pas arrivé au sommet, bravo !

Si vous avez atteint l'étape de l'énumération des actions

que vous choisissez de mener dès aujourd'hui pour utiliser les expériences douloureuses comme opportunité et non comme raison d'abandonner et de désespérer, félicitations ! Parce que vous venez de décider de faire la part des choses pour vos résultats.

Vous venez de vous décider à changer votre histoire, en choisissant comment réagir aux situations que la vie vous a infligées, qu'elle vous inflige ou qu'elle va vous infliger.
Plus de plaintes ou de reproches, plus d'excuses et plus de raisons pour lesquelles vous ne pouvez pas faire, mais plutôt des occasions de grandir, de développer vos muscles vitaux et d'être mieux préparé pour atteindre le sommet. Bien joué !

Dix étapes pour vous aider à prendre en main votre vie et vos objectifs.

1.   Assumez votre vie, vos choix, vos décisions.
Dans votre vie quotidienne, vous devrez faire des choix et prendre des décisions, et même si d'autres personnes sont impliquées, il vous restera toujours quelque chose à faire.
Assumez l'entière responsabilité du choix que vous faites et des résultats que vous obtenez grâce à ce choix. Parce que c'est vous qui avez finalement décidé d'opter pour l'option A au lieu de l'option B.
Une des clés pour accepter la prise en charge de votre vie est d'accepter le fait que vos choix, chacun d'entre eux, vous mènent inexorablement au succès ou à l'échec, quelle que soit la façon dont vous définissez ces termes.

2.   Profitez pleinement du fait d'être vous-même.
Assumer la responsabilité de son bonheur, est libérateur.
Tout d'abord, de réaliser que le bonheur ne vient pas de l'extérieur. Ce n'est pas le rôle de votre conjoint, parent, ami, enfant, de vous rendre heureux.
Faites des choses pour vous, qui vous rendent heureux.

Écoutez votre musique préférée, entourez-vous de belles choses, exprimez votre créativité, faites preuve de gentillesse, etc.

Si vous voulez être positif, optimiste et passionné, vous devez assumer la responsabilité d'être ainsi.

3.   Vous êtes unique et en tant que tel, votre façon de voir la vie est unique.

4.   Vous seul pouvez réaliser votre rêve.

J'aime beaucoup la façon dont John Maxwell le dit :"Dieu a mis un rêve en vous. C'est à vous, et à personne d'autre. Cela affirme votre unicité. Cela renferme votre potentiel. Il n'y a que vous qui puissiez le faire naître. Vous seul pouvez le vivre. Vous pouvez le découvrir, en assumer la responsabilité et agir en conséquence afin qu'il vous soit bénéfique, ainsi qu'à tous ceux qui pourraient bénéficier de votre rêve."

Personne d'autre n'a exactement ce rêve que vous avez dans le cœur. Cette chose qui vous empêche de dormir, qui vous donne moins faim ou qui vous fait fondre avec passion et joie. Rien que d'y penser, vous vous ouvrez. Vous pouvez parler sans fin, les yeux tout scintillants... Il y a une chose qui, lorsqu'elle surgit, cause tous ces effets sur vous. Et comme c'est unique à vous, personne d'autre que vous ne peut agir mieux que vous pour que cela devienne réalité.

Les autres personnes autour de vous ne connaissent pas, ne ressentent pas ou ne sont pas affectées par cette cause telle que vous l'êtes. C'est pourquoi vous avez la responsabilité de prendre les mesures qui s'imposent pour que cela se produise.

5.   Le créateur vous a donné la vie et la responsabilité.

"Une grande responsabilité s'accompagne d'un grand pouvoir." Jim Kwik

6. Reconnaissez vos talents et vous vous rendrez compte de leur utilisation.

Joël Osteen a dit : "Je crois que Dieu a mis les dons, les talents et les capacités à l'intérieur de chacun de nous. Quand on développe cela et qu'on croit en soi et qu'on croit qu'on est une personne d'influence et une personne qui a un but, je crois qu'on peut s'en sortir dans n'importe quelle situation. "

Nous avons tendance à minimiser les choses que nous pouvons faire, les objectifs que nous pouvons atteindre, et pour une raison tout aussi étrange, nous pensons que d'autres personnes peuvent accomplir des choses que nous ne pouvons pas. Je veux que vous compreniez que ce n'est pas vrai. Vous avez en vous des réservoirs profonds de talents et de capacités que vous pouvez faire remonter à la surface et réaliser tout ce que vous désirez.

7. Refuser de blâmer quelqu'un d'autre pour vos résultats.

Les gens qui blâment les autres pour leurs échecs ne les surmontent jamais. Ils passent simplement d'un problème à l'autre. Pour atteindre votre potentiel, vous devez continuellement vous améliorer, et vous ne pouvez pas le faire si vous n'assumez pas la responsabilité de vos actes et n'apprenez pas de vos erreurs.

Arrêtez de blâmer votre partenaire, vos parents, l'économie, votre éducation ou le chien pour votre malheur. Le blâme vous maintient en mode victime et vous empêche de changer votre situation.

Quand on cesse de blâmer autrui et qu'on accepte sa responsabilité, on passe de victime à vainqueur. Maintenant, vous pouvez regarder la situation et décider ce qu'il faut faire pour y remédier.

Il est vraiment utile de toujours se poser les questions suivantes : "Quel est mon rôle dans tout cela ? Qu'est-ce que j'ai fait pour que cela se produise ? Y a-t-il quelque chose, ne serait-ce qu'une petite participation de ma part, qui a contribué à ce que cela se produise ?

8.   Plus de plaintes.

Se plaindre est une autre forme de blâmer et de jouer les victimes comme si vous n'aviez pas le choix. Cela montre aussi que vous vous concentrez sur le manque, les choses qui vont mal, les choses qui vous arrivent. Dans tout ce qui ne se passe pas comme prévu, il y a un don, il y a une vue d'ensemble.

Il est préférable pour vous d'assumer la responsabilité de votre vie telle qu'elle est au lieu de blâmer les autres, ou les circonstances, pour votre situation difficile. En ouvrant les yeux, vous verrez que votre état de santé, votre bonheur et toutes les circonstances de votre vie ont été, en grande partie, arrangés par vous, consciemment ou inconsciemment.

9.   Assurez-vous que vos actions soient en droite ligne avec vos paroles et vos désirs.

Quand nous disons des choses et déclarons des choses, les gens s'attendent à ce que nous nous en tenions à nos paroles, nous sommes chargés de faire en sorte que nos actions soient en accord avec ces paroles.

Lorsque nous formulons nos désirs et que nous accomplissons des choses que nous voulons réaliser, nous devons prendre les mesures qui permettront à ces paroles et à ces désirs de se réaliser. Par conséquent, l'étape ultime de la prise de responsabilité consiste à s'assurer que nos actions concordent avec nos paroles.

10.   Faites en sorte que vos choix soient intentionnels.

Assumez la responsabilité de votre vie et faites-en quelque chose de beau au milieu d'un monde en pleine mutation.

Il y a un moment où l'on vous donne l'occasion dans la vie d'arrêter de blâmer les autres et de commencer à prendre en main votre propre vie.

11.   Faites-vous confiance pour vos résultats.

Une personne responsable peut se fier à elle-même pour choisir la bonne chose plutôt que la chose facile.

Lorsque vous assumez la responsabilité de votre vie et de votre expérience, vous entrez dans un lieu de confiance tranquille. Vous vous sentez calme parce que vous savez que vous êtes consciemment responsable de vous-même et que vous pouvez choisir comment vous réagissez.

Vous vous sentez confiant de ne pas tomber en mode victime en aspirant le vomi verbal des autres. Ils peuvent garder leurs cadeaux.

Avec ces étapes pour vous aider à prendre votre vie en main et à assumer pleinement votre responsabilité, posez-vous la question suivante : "En quoi suis-je responsable de mes résultats aujourd'hui, est-ce que je le fais bien ?

JUDITH GLORY

3 DE L'INTÉRIEUR VERS L'EXTÉRIEUR

"La force féminine est cette force intérieure, ce pouvoir qui permet de faire face à toutes les circonstances négatives de la vie et de les surmonter."
Georgette Mosbacher

"Quels que soient les défis, les difficultés ou les situations douloureuses que tu traverses dans ta vie, nous avons tous quelque chose au fond de nous que nous pouvons atteindre et trouver la force intérieure pour les surmonter."
Alana Stewart

"La personne qui jette des ordures dans votre esprit vous fera beaucoup plus de mal que la personne qui jette des ordures sur votre plancher, parce que chaque ordure jetée dans votre esprit a un effet négatif sur vos possibilités et réduit vos attentes."
Zig Ziglar

"Si vous ne vous considérez pas comme un gagnant, alors vous ne pouvez pas jouer comme un gagnant."
Zig Ziglar

Linda est une amie très chère à moi. Une jeune femme

talentueuse, très intelligente et travailleuse, qui a senti qu'elle pouvait apprendre de moi, suivre mes pas et réussir dans sa carrière. Après avoir obtenu son diplôme universitaire, Linda a trouvé un emploi comme représentante du service à la clientèle dans une institution financière. Elle était très heureuse d'avoir trouvé ce travail et elle m'a aussi dit qu'elle voulait plus qu'un simple emploi. Elle voulait grandir dans sa carrière, atteindre les postes/rôles les plus élevés possibles et obtenir un grand succès. Elle m'a écrit une lettre pour me demander quels conseils je pouvais lui donner pour l'aider à atteindre le sommet de sa carrière et à devenir un modèle à suivre pour d'autres femmes.

Voici la réponse que j'ai envoyée à Linda en sus de références à mes propres expériences et de références à vous, lecteurs. Je vais aussi utiliser Linda comme référence à certains moments des prochains chapitres.

Chère Linda, comme je l'ai dit dans la lettre précédente, beaucoup de ce qui t'arrive dans la vie, beaucoup de ce par quoi tu passes est le résultat direct de ta pensée. As-tu déjà entendu parler du livre de James Allen - As a Man Thinketh - ou de l'expression, "Tel un homme pense en son for intérieur, tel il est..." ? Ou de ce verset biblique qui dit [Je ne sais pas si tu es un lecteur de la Bible, mais il y a un verset biblique qui dit],

"Garde ton cœur plus que toute autre chose, car de lui viennent les sources de la vie." Prov.4:23

Parfois, nous n'en sommes pas conscients, mais la façon dont nous pensons aux situations, à nous-mêmes ou aux autres, affecte en fait la façon dont nous nous comportons, agissons, faisons ou réagissons dans la vie réelle. Donc, pour en revenir à votre quête. Pour savoir comment vous pourriez être un meilleur interprète au travail, comment les choses pourraient être différentes.

Une première étape que je veux que vous examiniez, une chose que je veux que vous vérifiez d'abord et avant tout, c'est votre façon de penser.

Que pensez-vous de votre carrière ? Comment vous voyez-vous dans votre travail ? Une gagnante qui livre ce qu'on attend d'elle ? Un membre de l'équipe gagnante qui est capable de se mêler à son équipe et d'atteindre avec elle n'importe quel objectif que la direction lui a assigné ? Une interprète moyenne qui garde le rythme avec les autres dans l'entreprise ou une jeune femme qui se démarque par les hauts standards de livraison, de disponibilité et de performance ?

Comment vous vous voyez à l'intérieur ? L'image que vous avez de vous au sein de votre organisation, va influer sur votre performance. Ce que vous croyez en vous. Comment vous vous considérez dans cette organisation ? Ce que vous croyez être vrai à votre sujet par rapport à cette organisation se reflétera dans votre performance et vos résultats.

Alors, à quoi avez-vous pensé dernièrement ?

Comme vous le savez, j'aime penser avec du papier et de l'encre, laisser sortir et poser sur un papier toutes mes pensées intérieures.

À vous maintenant, écrivez ce que vous pensez et ce que vous croyez de vous.

Pouvez-vous, maintenant, prendre une feuille de papier et écrire toutes les pensées que vous avez eues de vous dans cette organisation ? Qu'avez-vous pensé de votre poste, de votre fonction, de votre carrière et de votre vie professionnelle globale ? Pour qui vous prenez vous ? Je veux dire, allez en profondeur, prenez vraiment le temps d'aller en profondeur, juste à l'intérieur, et restez là, réfléchissez et comprenez. Essayez de recueillir ces pensées, de les capter et de les noter.

À un certain moment de ma vie, si vous m'aviez demandé de faire cet exercice, j'aurais écrit quelque chose comme : " L'échec. Je ne sais pas comment aménager une maison. Je ne suis pas assez sexy pour mon mari, pas assez bien, trop fatiguée..."

Pouvez-vous voir un modèle ici ? Il y a beaucoup de négativité dans toutes les expressions que je viens de citer. Non, je ne peux pas, je ne sais pas etc... Rien qu'en regardant ce que vous avez écrit, il est si facile de savoir le genre de vie que vous avez. C'est pourquoi, en ce moment, quand je parle aux gens, ou pendant les conférences, je dis : "Dis-moi ce que tu penses et je te dirai à quoi ressemble ta vie."

J'ai l'impression de me vanter, mais en général, mon hypothèse n'est pas très mauvaise, parce qu'en regardant ce que vous avez écrit comme pensées, en considérant ce à quoi vous avez pensé, il est si facile de deviner ce qui se passe dans votre vie.

Alors, maintenant, Linda, avant de continuer à lire le livre, prends ce bout de papier, retires toi un peu, dans un lieu où personne ne viendra te déranger, et note ce qui se passe. Ce à quoi tu penses, surtout par rapport à toi.

Pourquoi surtout par rapport à toi ? Parce que tes pensées influenceront tes sentiments, tes sentiments influenceront ton action et ton action déterminera ton résultat. Laissez-moi tout reprendre. Tes pensées influenceront tes sentiments, et tes sentiments influenceront les actions. Les activités que tu entreprendras et les activités que tu mènes, donneront des résultats.

Par exemple, si je prends l'exemple que je viens de citer à propos de moi, pas maintenant, à un certain moment de ma vie, en me disant : "Oh, je ne suis pas assez bonne. Je suis la dernière des femmes." Vous savez, même en ce moment, j'arrive à capter les énergies comme si je descendais. Et plus je cite ces pensées, plus je lis ces choses que je pensais de moi, j'en ressens les conséquences. Je me sens moins excitée. J'ai l'impression de manquer de pouvoir, et l'action. C'est comme si j'essayais simplement de cacher les conséquences. Je ne me sens pas assez bonne. Et au travail, les gens pouvaient voir que je me comportais différemment. C'était comme si je manquais de confiance. Vous n'allez pas le croire, mais à un moment donné, mon manager a dû me remonter les bretelles et m'a dit : "Que se passe-t-il, Judith ? S'il y a une personne qui peut travailler fièrement dans ce bureau, c'est bien vous parce que vous avez une formation universitaire. Vous savez que vous êtes une personne intelligente. Je ne comprends pas du tout. Je ne comprends pas comment vous travaillez comme si vous voulez juste vous cacher. Voulez-vous être invisible."

Et pourquoi je me comportais ainsi ? Parce qu'à l'intérieur de moi, je me disais: "Je ne suis pas assez bonne. Je ne sais pas ce que c'est. Je n'en sais rien." Alors s'il vous plaît, faites attention à ce à quoi vous pensez de vous-même.

Approuver ce qui est vrai dans ce que vous pensez de vous-même

Ce que vous pensez de vous, ce que vous acceptez de vrai à votre sujet, il peut arriver que d'autres personnes, je veux dire à l'extérieur, tout le monde, ne vous aimera pas toujours à 100%. Mais parfois, quand vous savez vraiment qui vous êtes, ce que les gens penseront de vous ne vous affectera pas tant que ça. Qu'est-ce que je veux dire ? À un moment donné, les gens disaient : "Judith, tu n'es pas aussi efficace qu'on le pensait." "Oh, vous n'êtes pas aussi experte qu'on le pensait. Que fait-elle ici en tant qu'informaticienne coordonnant une équipe de développeurs et d'ingénieurs ?"

Tant que je croyais en mon cœur, en mon intérieur, je

savais qui j'étais. Je connaissais mon travail. Je sais que je suis intelligente, je suis capable, j'apprends vite et je m'adapte. Tant que j'avais cette pensée à mon sujet, personne ne pouvait me toucher. C'est pourquoi j'ai participé à tant d'entrevues avec des ingénieurs ayant beaucoup plus d'expérience que moi et au final c'est moi qui ai obtenu le poste, pas eux. Pourquoi ? Parce qu'à l'intérieur de moi, je savais qui j'étais, Judith ! Je suis intelligente et je réponds vite. Je ne suis pas excellente en tout, mais je sais m'adapter et je sais mettre l'énergie nécessaire pour acquérir les connaissances nécessaires pour faire avancer les choses. Ce que vous pensez de vous est important. Ce n'est donc pas ce que les gens disent. Ce n'est pas ce que vos collègues ou l'interviewer ou même votre patron font qui fait de vous ce que vous êtes. C'est ce à quoi vous pensez.

C'est pourquoi dès le début, Linda, j'insiste vraiment sur cc point ? Prends le temps, sois honnête avec toi-même et écris ce que tu penses de toi. Je vais m'arrêter ici pour te permettre de prendre le temps d'y réfléchir. Tu écris, tu notes tout. Sois honnête avec toi. En fait, il n'y a que toi et toi seul. Alors sois honnête avec toi-même et écris tout ce qui te vient à l'esprit à propos de toi.

Quand tu auras écrit cela, je veux que tu te demandes si c'est vrai. Par exemple, si tu as écrit : "Je ne suis pas assez bonne." Est-il vrai que tu n'es pas assez bonne ? D'ailleurs, qu'est-ce que cela signifie d'être assez bonne ? Peux-tu défier ceux qui pensent comme toi ? Pourquoi penses-tu de la sorte ? Telles sont quelques-unes des questions qui peuvent t'aider. Réfléchis et pose-toi ces questions :

"Pourquoi est-ce que je pense que je ne suis pas assez bonne ? Pourquoi est-ce que je pense que mon temps n'en vaut pas la peine ? Pourquoi est-ce que je pense que les autres méritent d'avoir ce qu'ils veulent et pas moi ?"

Si nous analysons ces trois questions, il y a quelque

chose qui revient. C'est comme si nous ne nous aimions pas et n'apprécions pas qui nous sommes, et pourquoi ? Ça a toujours été comme ça ? Y a-t-il un événement qui s'est produit, y a-t-il quelque chose qui vous a causé de la peine, qui vous a amené à l'endroit où vous avez commencé à douter de vous ou à vous comparer aux autres ? Maintenant, c'est vraiment important. Prenez le temps de le faire. D'où viennent ces pensées ? Proviennent-elles d'un événement ou d'une expérience que vous avez vécue ? S'il y a un événement, s'il y a une expérience, notez-le. Quelle a été cette expérience ? Que s'est-il passé ?

Allez plus loin dans les circonstances, et après avoir compris d'où viennent ces pensées, l'étape suivante consistera à valider, à remettre en question la pensée, les idées que vous avez.

Par exemple, si je continue à penser toutes les choses que j'ai énumérées ci-dessus à mon sujet, toutes ces pensées que j'avais : Je ne suis pas assez bonne, je suis la moindre des femmes, je ne sais pas comment aménager une maison, pour avoir la nourriture prête après le travail. D'où viennent-elles ? Parce que quelqu'un m'a déjà dit ces choses un jour. J'ai accepté que ces déclarations soient vraies et en les validant, je les ai permis de s'enfoncer profondément en moi et ce que je dis être vrai à mon sujet, mon subconscient le valide aussi comme vrai.

C'est là que les auto-déclarations sont utilisées pour réaliser une transformation extraordinaire. En changeant simplement ce que vous dites et ce que vous croyez de vous-même, votre vie peut prendre un tout autre niveau.

À un moment donné de ma vie, quelqu'un m'a aussi dit : "Oh, Judith, une femme bien n'est pas seulement une femme qui a des projets, qui réalise beaucoup de choses et qui est très active. Elle devrait au moins pouvoir préparer un bon repas pour son mari, pour sa famille. Et d'après ce que je vois en ce moment, vous n'en êtes pas encore là. Tu sais simplement comment réaliser et livrer des projets au travail, diriger des équipes, coordonner des changements, des incidents, des réunions, des présentations. Tu n'es pas cuisinière. Ce type avec qui tu traînes a-t-il déjà mangé un de tes plats, de la nourriture que tu as cuisinée toi-même ou tu passes juste ton temps au restaurant ?"

Cette personne ne m'a pas dit ça qu'une seule fois. En écoutant cela d'une autre personne, puis encore d'une autre personne, il m'est arrivé qu'un jour, de rater ma recette de repas et le résultat n'a pas pu être mangé. J'ai validé l'affirmation selon laquelle je ne suis pas assez bonne, parce que je ne sais pas cuisiner. Mais est-ce vrai ? Non. Parce que même le meilleur chef que l'on peut voir à la télévision, il arrive parfois qu'il manque une recette de repas ou qu'il crée quelque chose qui ne donne pas les résultats escomptés. Cela en fait-il des ratés de la cuisine ou ont-ils été bannis à jamais de la cuisine de l'hôtel ?

Ainsi, ce n'est pas parce qu'une fois vous faites quelque chose et que cela ne fonctionne pas que l'échec définirait votre personne entière. Même si vous échouez à quelque chose, à plusieurs reprises ou toutes les fois où vous avez essayé, vous ne serez toujours pas un échec parce que vous n'êtes pas défini par ce que vous faites, mais par qui vous êtes.

Il y a de grandes chances qu'en apprenant et en pratiquant davantage ce que nous voulons faire, nous deviendrons bons à cela. Mais en ce qui me concerne, j'ai validé l'affirmation selon laquelle 'Judith' ne sait pas cuisiner. Que Judith ne soit peut-être pas une bonne épouse parce qu'elle ne cuisine pas bien.

Ce qui est drôle, c'est que, bien des années plus tard, ma petite sœur est venue nous rendre visite et pendant que nous cuisinions, elle a dit quelque chose comme "Oh, donc tu ne sais pas que pour rendre le poivre vert plus savoureux dans le ragoût, tu le fais d'abord frire avec un peu d'huile sans eau, juste de l'huile et du poivre vert, la chaleur fera sortir une partie de l'eau dans le poivre et cela va donner le jus qui va tremper la viande, qui donnera si bon goût au riz... ?

Ai-je même besoin de vous dire à quel point c'était douloureux pour moi d'entendre cela car j'ai pris son commentaire comme un rappel de mes doutes, me disant que je ne sais pas cuisiner. Cela a établi, dans mon esprit, le fait que je n'étais pas du tout bonne en cuisine. Cette croyance intérieure que j'avais, s'est enfoncée plus profondément dans mon subconscient. Par conséquent, chaque fois qu'il y avait une occasion de faire appel à un expert en cuisine lors d'une réunion sociale, je préférais toujours amener les gens au restaurant ou prendre en charge d'autres tâches (nettoyage, organisation, logistique, etc....).

Y a-t-il quelque chose dans votre vie qu'on vous a dit, que vous croyiez être vrai à votre sujet et que vous avez accepté, qui est solide comme du roc dans votre subconscient à votre sujet ?

Si oui, la question que je vous pose est la suivante : "Cette affirmation est-elle vraie ? Y a-t-il eu un événement dans votre vie, ne serait-ce qu'une fois, qui prouve que cette croyance limitative est fausse ?

Dans mon cas, je l'avais entendu une, deux fois, trois fois, maintes fois et j'avais accepté le fait que je n'étais pas assez bonne. Et résultat, je me cachais. Même si cela s'est produit dans ma vie de famille, la conséquence du camouflage s'est généralisée pour affecter tous les aspects de ma vie, même mon rendement au travail.

Comment votre façon de penser influe-t-elle sur vos résultats au travail aujourd'hui ?

Quand j'allais aux réunions et que ma participation était minime, je croyais que je n'étais pas si bonne que ça.

Quelqu'un a dit quelque chose, un événement s'est produit ou encore on vous a dit quelque chose. Vous avez validé cette déclaration comme étant vraie à votre sujet.

Vous avez même déclaré de votre bouche que c'était vrai à votre sujet, et par conséquent, cela a été écrit dans votre subconscient.

Tout comme lorsque vous êtes confiant, prêt à prendre en charge tout défi qui pourrait se présenter à vous, quand vous savez qu'au fond de vous, vous êtes très qualifié, vous êtes bon, vous avez l'assurance totale que vous pouvez y arriver. Vous n'accordez aucune attention à ce que les gens pensent, disent à propos de vous ; quand vous savez qui vous êtes et que vous avez confiance en vous.

De même, lorsqu'il y a une croyance limitante, une mauvaise image de soi et un sabotage intérieur, on n'obtiendra pas de grands résultats.

Je suis vraiment désolée de prendre autant de temps sur ce point, mais je suis tellement convaincue que plus de 90% de la réussite est obtenue à ce niveau.

Vous avez encore besoin de prendre des mesures pour devenir le meilleur et atteindre le sommet, pour connecter et développer les gens autour de vous, pour influencer ! Mais ce ne sont que la partie extérieure de l'équation. Lorsque la partie intérieure est gagnée, il n'y a pas d'autre option que de gagner la partie extérieure.

Convaincu que vous avez ce qu'il faut, que vous êtes un grand apprenant et que vous êtes capable de le faire, il n'y a rien, personne ou aucun environnement qui peut vous arrêter.

C'est pourquoi, Linda, je t'invite à prendre le temps de faire l'exercice, de savoir ce que tu penses en toi et de croire que tu as raison. D'où est-ce que ça vient ? Comment ça a commencé ? Et remets cette idée en question. Je suis sûre qu'en tenant compte de la situation de votre travail en ce moment, et si vous suivez les étapes, la feuille de travail qui est jointe ici, peut vous aider à le faire. Si tu analyses, que tu notes, que tu réfléchisses et que tu contestes cette pensée, je suis sûre et convaincue que tu comprendras qu'il y a beaucoup de fausses déclarations que tu as prises pour les tiennes. Et si c'est le cas, comment déconstruire cette pensée erronée ? Comment la changer ?

Parce que, comme nous l'avons dit plus haut, nos pensées influencent nos sentiments, nos sentiments influencent nos actions, et nos actions détermineront nos résultats.

Il serait donc sage si nous voulions changer notre ressource, si vous voulez que les choses soient différentes dans votre travail, dans votre famille, il serait peut-être sage de commencer par votre réflexion.

Comment changez-vous ce schéma erroné que vous avez observé dans votre façon de penser ?

La première étape consiste à être conscient et mettre sur papier ce que notre être intérieur pense de nous.

Maintenant que vous avez clairement identifié que "Judith n'est pas une bonne cuisinière" est une pensée que vous avez et qui est vraiment écrite dans votre subconscient, comment effacez-vous cela ?

Première étape, pouvez-vous énumérer ne serait-ce qu'une seule fois, une fois dans votre vie, une occasion où vous avez fait quelque chose qui allait à l'encontre de cet énoncé ? Concrètement, je vais quand même prendre mon exemple. Est-ce qu'il est déjà arrivé une fois que Judith cuisinait, et que les gens mangeaient, et qu'ils se disaient : "Mmm, c'est délicieux..." Cette nourriture est bonne. C'est tellement bon." Je veux dire, juste un exemple. Pouvez-vous en trouver un ? Oui, je l'ai fait.

Il y a de nombreuses années, quand j'étais encore adolescente, j'ai fait un gâteau. Et c'était Noël, et nous avions beaucoup d'invités à la maison. Et un invité particulier qui était un parent de la famille pour qui nous avions beaucoup de respect, est venu et on lui a servi le

gâteau que j'ai fait et il s'est dit : "Wow, c'est si délicieux !"
À l'époque, je n'avais même pas 15 ans. J'avais 14 ou 13
ans et il a adoré le gâteau. Il a dit "merci" à ma mère, et ma
mère lui a dit : "Non, ce n'est pas moi. C'est en fait Judith
qui l'a préparé." Et il m'a dit : "Oh, wow, Judith ! Alors, tu
cuisines bien ? T'as entendu ce que je t'ai dit ? Alors vous
êtes un bon cuisinier." C'est juste cette fois dans ma vie
que quelqu'un m'ait dit : "Tu es un bon cuisinier." Est-ce
que cela a effacé complètement le fait que Judith ne sache
pas cuisiner. Faux.

Vous avez compris ce que je voulais dire ? Donc, notez
encore une fois votre liste et regardez ce que vous avez
écrit. En prenant chaque cas, avez-vous un événement, une
situation qui contredit l'affirmation que vous avez dans
votre cœur, veuillez l'écrire. Et si vous en avez un, vous
pouvez maintenant l'effacer de votre liste, parce que cette
affirmation, cette pensée, cette chose que vous avez
acceptée et établie dans votre subconscient n'est pas vraie.
Ce n'est pas vrai. "Judith, j'ai compris, mais il y a des
choses qui sont vraies à mon sujet." Je te comprends. Je
comprends tout à fait cela maintenant. Je dirai à propos de
ceux-là, comment corrigez-vous cela ? La réponse est
simple, je t'aime. Accepte-toi tel que tu es. Accepte-toi tel
que tu es. Vous vous direz peut-être : "Oh, quel genre de
mensonge est-ce là ? Comment peux-tu dire que je
t'accepte tel que tu es ?"
Oui, le truc c'est que je ne dis pas que si tu es un
voleur, accepte-toi comme voleur, mais qu'est-ce qui te
définit ? Cela m'amène à un autre point. Qu'est-ce qui vous
définit ? Ce que vous faites, ce que vous êtes, peut-être une
situation. Par exemple, je m'appelle Judith. Je suis la mère
de deux charmantes filles. Je travaille dans une institution
financière. J'adore l'informatique. C'est tout ça, Judith ?
Non. Judith est une femme charmante, merveilleuse avec
un grand cœur. Elle aime aider, elle est généreuse, elle est
attentionnée, elle... c'est Judith. Ce n'est pas ce que vous

faites qui vous définit, parce que ce que vous faites... vous pouvez échouer à faire quelque chose, mais cela ne vous définit pas. Par exemple, j'ai raté ma recette... Cette nourriture que je faisais, et maintenant, je suis définie comme la femme qui ne sait pas cuisiner. Faux. Ce qui vous définit n'est pas ce que vous faites, ni votre poste, ni votre rôle, ni votre fonction.

Chaque être humain a une valeur intrinsèque. Vous êtes qui vous êtes. Vous êtes gentil. Vous êtes une personne aimante, vous voulez aider. Vous voulez être quelqu'un de bien. C'est le vrai vous. Et cela ne peut pas être altéré par les erreurs, ou les échecs.

Non ! Vous êtes bien plus que ça. Vous êtes une femme merveilleuse, jolie, sincère, intelligente, généreuse, bienveillante, travailleuse, loyale, performante et beaucoup plus.

Il est important que vous énumériez tous ces termes magnifiques qui décrivent qui vous êtes et que vous les gardiez près de vous.

Vous savez, vous avez vu que j'ai parlé de beaucoup de choses, mais je reviens à qui vous êtes. Il est donc très important que vous preniez le temps d'écrire qui vous êtes, les choses que vous savez être vraies pour vous. Et ça aide vraiment de le faire peut-être d'une manière artistique et de le garder dans un endroit que l'on peut voir tous les jours. Je veux qu'il soit enveloppé dans votre tête, dans votre subconscient, partout. Donc, peu importe ce qui se passe dans votre rôle, dans votre fonction, dans ce que vous faites, vous savez toujours et gardez cela, "Je suis une personne merveilleuse. Je suis brillant. Je suis un travailleur acharné. Je suis généreux. J'adore donner. J'adore aider."

C'est ce que tu es, et ça ne changera pas si ton mariage ne marche pas. Cela ne changera pas si vous avez des problèmes au travail. Cela ne changera pas si votre fonction change. Vous restez Linda la belle, la travailleuse, la personne gentille avec un grand cœur prêt à aider. C'est ce que vous êtes, et ne permettez à rien ni à personne de venir faire de mauvaises choses et d'affecter qui vous êtes. Il y a aussi une feuille que j'ai jointe ici qui peut vous aider à voir, à écrire, à identifier qui vous êtes. Et c'est une œuvre d'art qu'on peut mettre de jolies couleurs et garder quelque part.

Et vous savez, je m'appelle Judith, je m'appelle Linda, je m'appelle Irène, je m'appelle Tracy, je m'appelle Megan. Je suis belle, je suis gentille, je suis... je l'écris et je prends le temps de le lire, peut-être tous les jours, jusqu'à ce qu'il soit vraiment gravé dans votre cœur. Et quand ce sera fait, Linda, tu ne seras plus la même personne. Parce que tu as compris que ce qui te définit n'est pas ton rôle, ce n'est pas ce que tu fais. Ce que vous avez écrit, c'est qui vous êtes, et cela ne change pas.

Ainsi, j'espère que vous avez compris l'importance de vos pensées et comment elles déterminent votre résultat. Vous avez compris que vous devriez faire attention à ce que vous pensez de vous-même, parce que ce que vous avez écrit dans votre subconscient à votre sujet, ce que vous avez validé comme vrai à votre sujet affectera sûrement ce que vous ressentez à votre sujet, les choses que vous faites et vos résultats. C'était donc la première fois, puis dans la prochaine lettre, nous parlerons d'un autre point qui pourrait influencer votre résultat, ce qui se passe au travail et pourquoi vous pourriez ne pas être satisfait ou heureux. Donc, si vous avez des commentaires ou des questions, s'il y a des choses que j'ai dites que vous ne comprenez pas, n'hésitez pas à répondre et à poser des questions.

Bien affectueusement, Judith...

Exercice d'amour pour soi
Une dose quotidienne recommandée.

Programmer votre subconscient en répétant des phrases positives avec emphase, intention et croyance est une technique appelée affirmations positives.

Les étapes ci-dessous vous guideront dans le processus de création de vos propres affirmations positives.

1.   Dressez une liste de vos affirmations positives. Utilisez les directives suivantes comme guide :
• Je suis....
• Je vous souhaite la bienvenue....
• Je mérite....
• Je choisis....
• Je crois....
• J'ai confiance...
• J'ai....
• Je sais....
• Je me sens....
• Je crée....
• J'AIME.....

Les affirmations les plus puissantes commencent généralement par "Je suis"....

Vous pouvez écrire quelque chose comme : Moi, Judith Glory,
• Je suis... sincère,
• Je suis... aimante,
• Je suis... généreux,
• Je me soucie,
• Je suis... sensible aux autres,
• Je travaille... dur,
• Je suis....etc.

La grille de la page suivante peut vous aider à vous inspirer.

Suivez les étapes fournies pour créer votre miroir

électrique.

1.   Au centre de la page prévue à cet effet, inscrivez votre nom.

2.   Après avoir identifié et validé les mots qui décrivent le mieux qui vous êtes, utilisez le tableau 2 pour continuer l'exercice.

3.   Vous pouvez laisser l'artiste en vous colorier, façonner ou traduire qui vous êtes dans une œuvre d'art dont vous êtes le seul capable. Cela peut être aussi simple que de choisir une couleur spécifique pour chaque description de vous.

Il peut aussi être traduit sous une forme, une peinture différente. N'hésitez pas à laisser libre cours à votre créativité dans cette étape de l'exercice.

4.   Maintenant que vous avez votre liste d'affirmations, répétez-les à voix haute plusieurs fois par jour. Quand vous les dites, pensez à vos paroles, concentrez-vous sur leur signification et visualisez votre vie comme si vos affirmations étaient déjà devenues réalité.

Suivez les étapes décrites pour créer votre miroir électrique. Je vous encourage à regarder ce miroir tous les jours avant de partir et d'être le meilleur dans votre lieu de travail ou dans votre entreprise.

Cette pratique, lorsqu'elle est faite quotidiennement, vous donnera la confiance en vous, la dose quotidienne de vitamines pour augmenter votre assurance et vous donnera l'assurance intérieure et la posture extérieure pour faire de cette journée une autre journée gagnante.

"Nous avons tous deux vies : une vie intérieure et une vie extérieure. Votre vie intérieure est votre vie d'âme, qui inclut votre esprit, votre volonté et vos émotions. Votre vie extérieure est votre vie physique. Et bien que Dieu se soucie de chaque détail de votre vie, il se préoccupe plus de votre vie intérieure que de votre vie extérieure."

Joyce Meyer

Votre esprit est plus puissant que vous ne le pensez, en fait, il vous empêche peut-être d'atteindre le succès que vous méritez !

Exemple de mots pour vous décrire

N'oubliez pas que lorsque vous faites des affirmations, vous voulez faire des déclarations positives, qui s'affirment et se renforcent mutuellement, qui vous élèvent et vous inspirent, qui rehaussent votre point de départ émotionnel et votre estime de soi.

Une liste de mes traits les plus forts, je suis très...
- ❑ Précis
- ❑ orienté vers les réalisations
- ❑ Flexible
- ❑ Adepte du plaisir
- ❑ Aventureux
- ❑ Alerte
- ❑ Appréciation
- ❑ Assertive
- ❑ Astucieux
- ❑ faisant autorité
- ❑ calme
- ❑ Prudente
- ❑ Charismatique
- ❑ Compétente
- ❑ Cohérente
- ❑ Contagieuse dans mon enthousiasme

- ❑ Coopérative
- ❑ Courageuse
- ❑ Créative
- ❑ Décisif
- ❑ réfléchit
- ❑ Fiable
- ❑ Plein de ressources
- ❑ Responsable
- ❑ Réactif
- ❑ Protectrice
- ❑ Auto-motivée
  - ❑ Fiable/digne de confiance ❑ diligente
- ❑ Diplomatique
- ❑ Discrète
- ❑ Battante
- ❑ Dynamique
- ❑ Efficace
- ❑ Énergique
- ❑ Enthousiaste
- ❑ Exceptionnelle
- ❑ Exhaustif
- ❑ expérimenté
- ❑ Expert
- ❑ Très économique
- ❑ Solide
- ❑ Flexible
- ❑ Humaniste
- ❑ Impulsif
- ❑ Indépendante
- ❑ innovant
- ❑ Compétent

❑ Autonome

❑ Sensible

❑ Perfectionniste, très

❑ perfectionniste

❑ Forte

❑ Solidaire

❑ Loyale

❑ Méthodique

❑ Objectif

❑ Ouverte d'esprit

❑ Extraverti

❑ Extraordinaire

❑ patiente

❑ Envahissante

❑ Perceptif

❑ Persévérante

❑ Persistante

❑ Avant-gardiste

❑ Concrète

❑ Professionnelle

❑ Protectrice

❑ Ponctuel

❑ rapide/travail rapidement

❑ Rationnelle

❑ Réaliste

❑ Tacticienne

❑ Méticuleuse

❑ Unique

❑ Chaleureuse !

❑ Polyvalente et

❑ Polyvalente

❑ Dynamique

.

4 DEVENIR UNE PERSONNE D'INFLUENCE

"Plus vous voulez grimper haut, plus vous avez besoin de leadership. Plus l'impact que vous voulez avoir est grand, plus votre influence doit être grande... Le vrai leadership est d'être la personne que les autres suivront avec joie et confiance."

John C. Maxwell

Maintenant, il n'y a plus de secret pour vous. Vous avez compris tous les mécanismes du subconscient, comment vos pensées et vos sentiments affectent vos actions et vos résultats. Comment ce que vous vous dites est vital et ·influence votre résultat. J'espère qu'à ce point vous avez complété les exercices pour chasser ces schémas de pensées inutiles. J'espère que vous avez également terminé les exercices de libération et de laisser aller toute mauvaise situation qui s'est produite dans le passé et qui a laissé une empreinte sur votre subconscient, ce qui vous poussait à saboter votre succès.

Comme vous avez bien terminé ces exercices, félicitations ! L'état d'esprit est l'une des choses les plus importantes qui affecte nos résultats, peu importe à quel point nous faisons les choses pour différents résultats. Tout comme pour éliminer complètement les mauvaises herbes, il est nécessaire de s'occuper des racines, de la même manière qu'il est très nécessaire de s'occuper de la partie invisible qui affecte nos résultats. Encore une fois, félicitations et bravo d'avoir pris le temps de faire les exercices associés et de vous engager à grandir, développer et nourrir qui vous êtes avec des affirmations quotidiennes de votre être réel, en utilisant votre feuille de travail personnalisée que vous avez créée et continuez à mettre à jour quotidiennement à mesure que vous prenez conscience d'un autre pétale de la belle fleur que vous êtes.

Maintenant, vous pouvez commencer à voir des changements dans la façon dont vous pensez, ressentez et parlez de vous-même. Vos soins personnels et votre posture pourraient également être affectés par la découverte et les affirmations quotidiennes de qui vous êtes. Continuez d'être une dame courageuse et puissante. Nous allons maintenant prendre le temps d'explorer la transformation que le changement intérieur vous fera devenir. Vous avez dit oui à la prise en charge et à l'engagement pour atteindre le sommet.

En ce moment, vous êtes toute motivée et engagée pour atteindre le sommet et réaliser votre rêve de réussite. Rien ne peut vous empêcher de devenir la femme d'influence et d'impact que vous désirez être, sauf vous. Cependant, vous devez maintenant commencer votre voyage vers le sommet. Maintenant que vous avez pris possession de vos résultats et que vous avez décidé de vous débarrasser de tout le système de croyance tordu que vous aviez. Il est temps, à présent, de prendre les mesures qui vous mèneront au sommet.

Personne n'arrive au sommet par pur hasard ou par hasard. Je n'ai jamais entendu parler de quelqu'un qui s'est accidentellement retrouvé au sommet comme ça. Mais plutôt de mon expérience et d'autres histoires vraies de femmes d'influence importantes qui ont réussi, elles ont réussi leur ascension. C'est ce que certains ont à dire sur leur expérience.

Selon Denise Morrison, une dirigeante d'entreprise américaine qui a également été présidente et chef de la direction de la Campbell Soup Company de 2011 à 2018, nommée "21e femme d'affaires la plus puissante" par Fortune Magazine en 2011 : "Il n'y a pas qu'un seul chemin vers le sommet. Créez vos propres opportunités. Regarder tout autour. Accomplissez vos devoirs."

Il y a celle-là que j'adore, celle de John C. Maxwell, PhD., qui est un expert en leadership, conférencier, coach et auteur reconnu à l'échelle internationale et qui a vendu plus de 19 millions de livres. Chaque année, il s'adresse à des entreprises du Fortune 500, à des leaders gouvernementaux internationaux et à des organisations aussi diverses que la United States Military Academy de West Point, la National Football League et les Nations Unies. Selon John :

"La croissance est le grand séparateur entre ceux qui réussissent et ceux qui échouent. Quand je vois une personne commencer à se séparer de la meute, c'est presque toujours à cause de sa croissance personnelle. "

Je n'ai jamais entendu parler de l'histoire d'un champion qui s'est réveillé et qui a participé à un tournoi, et qui l'a gagné comme ça, jamais ! En général, ceux qui sont allés au sommet sont des gens qui voulaient atteindre le sommet et ils étaient déterminés à y arriver. Ils ont fait un plan pour y arriver et ils ont commencé leur voyage vers le sommet et ils ont continué à avancer jusqu'à atteindre le sommet.

Les mots-clés sont : atteindre le sommet était un objectif important pour eux, la clarté sur ce que le sommet signifiait pour eux, le plan pour y arriver, la détermination à continuer même si la route glissait ou s'ils se perdaient...

Pour en revenir à vous, cher lecteur, j'ai ces questions à vous poser :

- Que signifie pour vous atteindre le sommet (quoi, où

et quand atteindre le sommet, comment et avec qui) ?

- Atteindre le sommet est-il un désir fantaisiste ou un but réel à atteindre ? Si c'est un objectif, avez-vous un plan pour y arriver ?

- Quelles mesures prenez-vous cette semaine, ce mois-ci ou cette année pour atteindre ou vous rapprocher du sommet ?

- Quel plan, en cas d'incident pendant le voyage vers le sommet ?

- Avec qui faire ce voyage vers le sommet ?

J'espère que vous n'avez pas répondu que vous n'avez besoin de personne pour y arriver....

"Si vous voulez atteindre le sommet, n'écrasez pas les autres. Probablement, la seule façon d'atteindre le sommet, c'est d'être porté par d'autres."

John C. Maxwell

Personnellement, je pense que vous ne pouvez pas atteindre le sommet seul parce que même si vous commencez à gravir la montagne juste vous, vous auriez demandé l'aide de quelqu'un pour faire votre sac, pour préparer les choses dont vous avez besoin.

Vous pouvez toujours aller de l'avant et vous précipiter vers le sommet, mais il est plus sûr de faire un tel voyage avec quelqu'un. Vous vous sentirez moins seul et apprécierez davantage votre accomplissement. Il y a ce dicton :"si tu veux aller vite, va seul. Si tu veux aller loin, va ensemble"

Je complètement ceux qui disent, pour voler plus haut dans les airs, l'aigle est toujours seul. Mais comme expliqué ci-dessus, il est plus sûr pour un voyage assuré jusqu'au sommet, il faut vous s'inscrire avec plus de gens. Voici les autres avantages de cette stratégie, mentionnés ci-dessous :

- Si vous manquez d'eau ou d'autres provisions, un autre membre du voyage vous aidera à le faire.

- Quand vous commencerez à vous décourager, quelqu'un d'autre vous motivera. Il est rare que tous les membres du voyage soient découragés en même temps.

- Même si un incident se produit, personne n'est perdu, le groupe est sûr de revenir.

- La somme des motivations pour y parvenir est multipliée de façon exponentielle.

Ceux qui ont pris la décision d'aller au sommet et qui avaient un plan d'aller au sommet, en règle générale, sont ceux qui paient le prix et travaillent dur pour atteindre le sommet. Ceux qui sont assis au sommet ont franchi les obstacles.

Vous savez, quand les premières choses qui vous viennent à l'esprit sont comme une montagne et la montagne que vous et moi savons que ce n'est pas quelque chose de facile à escalader, nous nous fatiguons. Il y a parfois de la roche, il y a du vent ou de la glace, du désert sec. Alors que nous nous préparons à gravir les échelons, même si nous avons un plan, nous ne contrôlons pas les conditions environnementales. Nous ne contrôlons pas vraiment tous les facteurs qui peuvent survenir sur notre chemin.

Pour cette raison, le cran mental est nécessaire pour garder la route quoi qu'il arrive. Ceux qui ont atteint le sommet sont ceux qui ont pris leur décision, qui veulent atteindre le sommet et qui ne laissent rien les empêcher d'atteindre cet objectif.

Un de mes collègues aime faire des randonnées au sommet des montagnes en compagnie d'autres randonneurs. Quand ils planifient un voyage, afin d'arriver au sommet où ils auront la meilleure vue possible. Ils se préparent et planifient avec prudence. Ils planifient les activités et les tenues appropriées. Ils ont des options de secours. Quand il pleut, ils ont ce qu'il faut dans leur sac à dos pour les protéger de la pluie, de quoi pour protéger leurs yeux du soleil. En fait, ils sont équipés et prêts à faire ce qui est nécessaire pour atteindre le sommet de la montagne.

John Maxwell nous donne quelques indices sur ce qui

fait la différence entre ceux qui vont au sommet et ceux qui ne grandissent pas. Selon lui, le niveau de développement, le dévouement à se développer est un trait qui se trouve dans ceux qui vont au sommet et ceux qui ne le font pas. Il y a un grand séparateur entre ceux qui réussissent et ceux qui ne le font pas.

Quand je vois une personne commencer à se séparer du chemin c'est presque toujours dû à la croissance personnelle. Peut-être que vous commencez à comprendre l'essentiel ici. Ce que je veux simplement dire, c'est que pour atteindre le sommet, il faut grandir et se développer.

- Avez-vous commencé votre voyage vers le sommet ?
- Êtes-vous au sommet de votre art ?
- Sur quoi travaillez-vous en ce moment pour être une référence de premier plan ?
- Quelle est la meilleure personne-ressource au sein de votre organisation ou de votre entreprise ?
- Pour quel sujet/domaine êtes-vous généralement appelé l'expert, la personne ressource ?

Il est important que vous ayez des réponses claires sur les questions ci-dessus parce qu'aujourd'hui et même à travers l'histoire, les meilleurs ont toujours eu la chance de manger à la table du roi. Même d'origine très pauvre, ils étaient la référence. Ils possédaient la meilleure maîtrise d'un art ou d'un domaine spécifique. Quand les rois avaient besoin du meilleur, ils étaient ceux vers qui tout le monde dirigeait les rois et quand ils rendaient le service, ils changeaient aussi de statut.

Quelle est la personne la plus qualifiée pour vous fournir cette référence. Quelle est cette chose particulière que les gens feraient la queue pour venir chercher chez vous ?

Prenez le temps de découvrir vos forces et lorsque vous le faites, faites-en sorte d'être à la pointe du jeu, la personne la plus recherchée pour ces qualifications et qualités spécifiques. Au fur et à mesure que vous affinez votre savoir-faire et que vous améliorez votre jeu, vous

vous rapprocherez de plus en plus du sommet.

Ce n'est pas grave si vous n'êtes pas un neuf ou un dix, parce que la bonne nouvelle c'est que vous pouvez apprendre que vous pouvez vous faire autant de richesse que ceux qui ont décidé et se sont mis dans le chemin de la croissance personnelle. Ils ont donc décidé de prendre des mesures pour se développer. Lui-même donne l'exemple du fait qu'au début, il ne faisait que travailler. Voir les détails du témoignage de John Maxwell.

Oui. En fait, tu dois prendre les mesures nécessaires pour avoir un bon plan. Quel est votre plan de croissance pour revenir à votre réalité au travail ? Êtes-vous le meilleur dans votre domaine ?

Êtes-vous la référence dans votre domaine ?

Si ce n'est pas le cas, comme je l'ai dit plus haut, c'est correct. On peut peut-être faire quelque chose.

Si vous décidez de faire ce qu'il faut pour grandir et vous développer pour apprendre et devenir un huit ou un neuf, vous atteindrez le sommet. Mais il vous prendre cette décision et personne d'autre que vous ne pourra prendre cette décision à part vous pour grandir vous-même.

Les gens peuvent vous motiver et vous encourager à poser les actions, mais il vous incombe de faire ce qui est requis.

Vous voulez avoir un beau corps, mais pour que vous puissiez acquérir ce corps de rêve, même si votre coach, votre ami ou les gens autour de vous, vous disent de faire ceci et cela, jusqu'à ce que vous preniez l'action vous-même et faites les choses, ce beau corps-là ne sera pas développé. Donc vous avez besoin de vous décider et de poser les actions qu'il faut pour atteindre ou tout au moins se rapprocher du but fixé.

Prenez la décision. Faites le saut pour grandir vous-même.

Une autre chose, c'est que je veux évoluer moi. Qu'est-ce que cela signifie ? De quoi ai-je besoin pour grandir ? Mais j'ai été à l'école, j'ai déjà un diplôme. Oui, mais nous ne sommes pas seulement géniaux d'avoir des compétences à l'Académie, mais vous devez vous perfectionner dans tous les aspects de votre vie. Vous savez, vous n'avez pas seulement des compétences techniques. Vous avez des compétences émotionnelles, vous avez des compétences en matière de personnel et de personnes dont vous avez besoin pour vraiment vous connaître et ensuite développer les différents aspects de votre vie.

Oh, avant que je ne passe outre, n'oubliez pas de travailler sur votre Être (qui vous êtes – 'soft skills' - intelligence émotionnelle). Il devient de plus en plus nécessaire que la compétence soit couplée à l'intelligence émotionnelle pour gravir les échelons des organisations d'aujourd'hui.

- Quelle influence, bonne ou mauvaise, nous pouvons avoir sur les enfants selon l'âge ou la phase de la vie.

- Quel genre d'exemple donnons-nous aux enfants qui nous entourent ?

- Quelques éléments de réflexion pour vous aider à réfléchir sur votre vie :

- De quelle influence jouissez-vous actuellement ?

- Quel genre de personne êtes-vous ?

- Voulez-vous influencer ? Voulez-vous changer pour influencer ? Voulez-vous diriger le changement ?

- Le leadership, c'est de l'influence ?

- Comment devenir une personne d'influence ?

- Aimez-vous vous-même

- Connaissez-vous vous-même

- Faites-vous grandir

- Commencez dès aujourd'hui à grandir

- Quel est votre plan de croissance ?

Il faut absolument que tu grandisses toi-même ou que tu te laisses aller et que tu oublies le sommet parce que pour être au sommet et guider les autres, pour avoir les meilleures positions sur ton lieu de travail, pour attirer les meilleurs clients pour ton entreprise, pour être la meilleure race du métier, il n'y a pas de raccourci. Tu dois avoir un ou beaucoup plus de possibilités... Tu aimerais être formé ou dirigé par une personne qui sait exactement la même chose et tu le fais ?

Si vous voulez atteindre le sommet, prenez la décision intentionnelle de vous développer. Puisque le développement personnel et la croissance sont une exigence pour atteindre le sommet, comment s'y prendre pour construire votre propre plan de croissance personnelle ?

Lorsque j'ai décidé de m'épanouir, j'ai choisi de suivre le plan recommandé par John Maxwell dans son livre : 'Devenir une personne d'influence.'

J'ai choisi ce plan parce qu'il cadrait bien avec mes valeurs et qu'il était fondé sur les principes de croissance et de leadership auxquels je crois. Je recommanderai vivement ce livre à quiconque sérieux au sujet de la croissance personnelle et de l'influence, pour avoir un impact sur la vie de beaucoup de gens. Surtout si l'on considère l'importance qu'il accorde au développement de l'importance de la croissance personnelle.

Ce livre est tout à fait d'accord avec les principes du livre de John, mais met davantage l'accent sur le travail interne à faire pour s'assurer que le plan de croissance donne les résultats souhaités.

Je suis convaincue que nous pouvons dessiner un grand plan de développement personnel, mais si la voix interne et les croyances intérieures ne sont pas mises à la bonne température du thermostat, les résultats ne seront pas aussi bons qu'ils peuvent l'être.

C'est juste un plan que je choisis de suivre, vous pouvez opter pour un autre plan ou même construire le vôtre, mais il est nécessaire d'en avoir un pour votre croissance personnelle.

Selon John, les dix étapes suivantes sont nécessaires pour devenir une personne d'influence, ayant un impact positif énorme sur les personnes avec lesquelles il interagit

:

1.   Une personne influente a... Intègre avec les gens

2.   Une personne influente a... Enseigne les autres

3.   Une personne influente a .... Foi en les gens

4.   Une personne influente a... L'écoute des gens

5.   Une personne influente a... Comprend les gens

6.   Une personne influente a... Fait grandir les gens

7.   Une personne influente a... Conduit les autres personnes

8.   Une personne influente a... Établit des liens avec les gens

9.   Une personne influente a... Dynamise les gens

10. Une personne influente a... Forme d'autres personnes influentes

Comme vous pouvez le constater, sur ces étapes, il s'agit avant tout de travailler sur vous-même. Maintenant, chère reine, jusqu'où en êtes-vous dans votre démarche pour devenir une personne d'influence, en travaillant votre attitude pour atteindre le sommet ? Combien de temps, d'énergie et d'investissement consacrez-vous à votre croissance ?

Ces améliorations peuvent se faire par la lecture, l'apprentissage, la participation à des conférences, le temps passé avec des gens qui vous aideront à grandir et à vous développer dans ces domaines. Qu'est-ce que vous lisez ? Qu'est-ce que vous vous êtes engagé à apprendre/étudier cette année ? Combien d'investissements cette année pour vous développer ? Avec qui passez-vous du temps ? De qui apprenez-vous ?

Une autre chose que l'on pourrait remarquer à partir de la dixième étape, c'est combien de personnes, d'autres personnes sont impliquées ? Il semble y avoir un lien étroit entre notre implication avec les autres et notre croissance. Êtes-vous doué avec les gens ? Êtes-vous une personne sociable ? Êtes-vous impliqué et vous souciez-vous des autres ? Si oui, combien ?

D'après les dix étapes ci-dessus, nous constatons qu'il faut s'intéresser et s'impliquer beaucoup plus dans les autres. Dans le prochain chapitre, nous aborderons le lien entre les gens et notre niveau d'influence.

JUDITH GLORY

5 PAS DE RELATIONS,

PAS D'INFLUENCE

"L'ingrédient le plus important que nous mettons dans toute relation n'est pas ce que nous disons ou ce que nous faisons, mais ce que nous sommes. Et si nos paroles et nos actions proviennent de techniques superficielles, de relations humaines (l'éthique de la personnalité) plutôt que de notre propre noyau intérieur (l'éthique du caractère), les autres ressentiront cette duplicité. Nous ne serons tout simplement pas en mesure de créer et de maintenir les bases nécessaires à une interdépendance efficace. "
Stephen Covey

La capacité d'influencer et de persuader efficacement les autres est une compétence clé pour tout dirigeant et gestionnaire d'une entreprise. Le fait d'avoir les compétences nécessaires pour le faire permet non seulement de rallier les gens aux idées, mais aussi d'établir des relations plus profitables avec les clients et les collègues.

Je tiens à insister sur le fait que si vous pouvez avoir de

l'influence sur vous-même, mais que lorsque vous parlez d'influence dans le contexte d'un changement à fort impact, cela implique des personnes...

- Avec qui traînez-vous ?
- Êtes-vous en contact avec les gens ?
- Vous avez des gens chez vous ?
- Rendez-vous visite aux gens ?
- A quel point êtes-vous en contact avec les gens ?

Il n'est pas possible d'avoir une influence à long terme, un impact énorme sans la participation des gens. Nous continuons de parler de Jésus parce qu'il y a des milliers et des milliers de personnes qui continuent à lire la Bible et à suivre ses principes. Nous continuons de parler de Mère Teresa parce qu'elle a influencé la vie de millions d'enfants et de femmes en Inde. Nous continuons toujours de parler de Nelson Mandela parce qu'il a influencé la vie de millions de Sud-Africains. Nous continuons de parler car il a influencé la vie de ces nombreuses congrégations et universités juives.

Il n'y a donc aucun point commun à toutes ces personnes dans les différentes époques de l'histoire ? Mais si, c'est leur influence et nous pouvons mesurer l'influence par le nombre de personnes qui sont affectées par notre comportement. Alors, avec qui êtes-vous lié ? Êtes-vous une personne sociable ? A quel point êtes-vous bon avec les gens ?

Êtes-vous le genre de personne qui s'occupe juste de vos affaires, qui faites vos propres trucs et qui ne faites que vivre votre vie pour vous-même ? Vous est-il déjà venu à l'esprit que vous faites peut-être partie de quelque chose de plus grand, de plus important ? Vous est-il déjà venu à l'esprit que vous pourriez être la réponse, la solution au problème de quelqu'un ?

Vous est-il déjà venu à l'esprit que la façon dont vous êtes, la façon dont vous êtes conçu pour regarder. Vous savez, toutes les expériences que vous avez vécues ont en fait été mises en place pour que vous soyez la solution parfaite pour quelqu'un d'autre. Peut-être pas juste une dizaine, des centaines, des milliers, ou des millions. Quel est votre but ? Et quelle est votre contribution ? Qu'est-ce que vous voulez laisser sur terre avant de partir ?

Toutes ces questions sont justes pour vous faire réfléchir parce qu'il y a vraiment beaucoup plus dans la vie que le simple fait de s'occuper de vos affaires. Il y a tellement de gens que vous pouvez bénir avec votre histoire. Vous connaissez beaucoup de gens qui peuvent être blessés par ce que vous faites et pour qu'ils bénéficient de ce que vous avez besoin, vous devez être connecté à eux, vous devez les connaître, vous devez aimer vous associer à eux. Je sais qu'à l'heure actuelle, dans notre société, nous vivons une époque où les gens ressemblent davantage à la société et s'individualisent beaucoup.

Disons, par exemple, que les premières personnes qui vivaient en communauté partageaient tout mais de nos jours, les gens sont plus comme précipités dans le monde qui va très vite en ne s'occupant que de leurs propres affaires.

Mais comme je l'ai déjà dit, on vous a donné des talents, des aptitudes. Vous devez utiliser ces données pour aider d'autres personnes et pour faire face à la situation dès maintenant. Vous êtes la solution. Mais jusqu'à ce que vous vous connectiez, vous devez apprendre à les connaître. Vous arrivez à vous connecter à votre tribu, ils seront toujours là à souffrir, à espérer, à attendre, à prier.

J'espère que vous comprenez maintenant mon point de vue, l'importance du fait qu'il est bon de connaître son but, de connaître sa mission. Et j'espère que vous direz oui à votre mission et que vous accepterez votre appel et que vous sortirez pour partager et aider autant que possible les autres. C'est en faisant cela que vous influencerez la vie des gens en étant la solution. C'est en faisant cela que vous laisserez un impact dans ce monde et même après votre départ de cette terre. Le changement par votre espoir restera toujours. Votre impact restera et pour que tous ces changements d'impact et d'influence se produisent, vous avez besoin de vous connecter aux gens. Pour que cela reste très pratique, c'est quand la dernière fois que vous avez reçu des gens dans votre maison.

- Quand êtes-vous allé voir des gens pour la dernière fois ?

- Quand êtes-vous allé saluer votre voisin et l'inviter à partager quelque chose ?

- Quand êtes-vous sorti pour la dernière fois avec vos collègues de travail ?

- Quand vous vous êtes-vous ouvert aux autres pour la dernière fois sur ce qui se passe dans votre vie ?

Bien que nos sociétés aient évolué, les gens sont de moins en moins préoccupés par leur prochain, en conséquence, les gens se sentent très seuls.

Si vous êtes seul, qui sera influencé par les changements qui se produiront dans votre vie ? Dans quelle vie aurez-vous un impact positif ?

Les gens sont si solitaires, mais pour vous d'influencer quiconque, vous avez besoin de vous connecter à eux.

De nos jours, sur les médias sociaux, beaucoup de gens font des choses qui prennent un certain essor. Mais pour que vous puissiez interagir, pour partager à cette cause, pour voir l'image, pour partager quoi que ce soit avec eux, vous devez d'abord vous connecter, vous devez les connaître. Ainsi, dans le prochain chapitre, nous parlerons plus en détail de ce que cela signifie d'être connecté. Ce n'est pas seulement envoyer une invitation et la personne qui clique pour dire oui. Nous allons donc aller plus en détail sur l'aspect connexion.

J'espère que le fait de savoir quel genre de personne vous êtes maintenant est clair dans votre esprit. Ceci est facile, vous n'avez pas besoin d'un test scientifique très technique pour savoir, juste regarder autour de vous. Quand avez-vous été invité pour la dernière fois ou avez-vous invité des gens chez vous ? C'est quand la dernière fois que tu as traîné avec d'autres personnes que ton mari et tes enfants. Quand êtes-vous sorti pour la dernière fois pour faire du travail social afin de vous impliquer avec les autres ? Si la plupart de vos réponses à ces questions sont non, jamais, vous ne vous souvenez pas.... alors vous devez voir votre stratégie de gestion des gens, votre approche parce qu'il n'y a aucune chance que vous ayez une influence et un impact sur les gens si vous vivez seul en pensant juste à vous et votre petit monde.

Certains des plus grands défis dans les relations viennent du fait que la plupart des gens entrent dans une relation afin d'obtenir quelque chose. Ils essaient de trouver quelqu'un qui va leur faire sentir bien. En réalité, la seule façon dont une relation durera, c'est si vous voyez votre relation comme un endroit que vous allez donner, et non comme un endroit que vous allez prendre.

Tony Robbins

10 questions pour mesurer la qualité de nos rapports avec les autres

REMARQUE : Pour répondre à ces questions, donnez la réponse en tenant compte des personnes autres que votre famille.

1. Combien de personnes avez-vous appelé au téléphone +la semaine dernière ?

2. Combien d'appels avez-vous passés pour voir comment vont les autres ?

3. Quelle est la fréquence de vos visites mensuelles ?

4. Au cours des trois derniers mois, combien de fois avez-vous invité des gens à partager du temps de qualité avec vous ?

5. Quand avez-vous offert pour la dernière fois (temps, argent, service) d'aider d'autres personnes ?

6. Quel pourcentage d'entre vous offrez (temps, argent, service) donnez-vous gratuitement chaque mois à d'autres personnes ?

7. Quand avez-vous été invité pour la dernière fois par d'autres personnes ?

8. Combien de fois recevez-vous des invitations à

passer du temps avec d'autres personnes ?

9. En général, quelle est votre réponse ? Oui/Non/Peut-être ?

10. Avez-vous parfois l'impression que d'autres personnes vous importunent par leurs appels ou leurs visites ?

11. Combien de relations avez-vous détruite en empêchant que les gens ne viennent vers vous ?

Comme vous pouvez le constater, les questions 1 à 6 mesurent à quel point nous sommes capables d'aller vers les autres et de nous engager avec les autres, de nous rendre disponibles pour les aider, pour les aimer et prendre soin d'eux.

Les questions 7 à 10 mesurent dans quelle mesure nous répondons aux personnes qui veulent entrer en relation avec nous pour nous avoir dans leur vie.

Les relations avec les autres vont dans deux directions. Nous pouvons aller vers eux ou les gens peuvent venir vers nous. Quoi qu'il en soit, notre façon de réagir ou d'agir détermine le nombre de personnes qu'il y a dans notre vie et la qualité de relations que nous avons avec elles.

Ce questionnaire s'applique aussi bien à notre vie personnelle qu'à notre vie professionnelle.

Lorsque j'ai rédigé ce questionnaire pour la première fois, je me suis demandée quelles seraient mes réponses. Après avoir répondu au questionnaire pour moi-même, j'ai remarqué que j'avais des liens différents avec des gens à différents moments de ma vie.

En tant qu'adolescente et jeune adulte, j'étais une personne à part entière dans les deux sens du terme. J'ai ouvert mon cœur, ma maison, ma chambre d'université et mon temps à tous et j'ai aussi répondu OUI aux invitations à me connecter.

Cependant, après un événement qui a causé une rupture majeure dans ma vie, bien que je sois resté ouvert aux gens, c'était dans une moindre mesure. L'ouverture aux autres était très réduite. J'étais blessée et que je voulais rester à l'écart ou être prudente avant d'accepter des gens dans ma vie. Cette étape a duré quelques années et au cours de ces années, mon investissement dans d'autres personnes a également diminué.

"Ne blâmez jamais personne dans votre vie. Les gens bien vous donnent le bonheur. Les mauvaises personnes vous donnent de l'expérience. Les pires gens vous donnent une leçon. Et les meilleures personnes vous donnent des souvenirs."
Zig Zig Ziglar

Cela me permet d'aborder le point d'ouvrir notre vie aux autres. Si vous voulez interagir avec d'autres personnes, soyez prêt à être blessé. Une vie riche est une vie remplie de souvenirs et d'expériences incroyables, et les relations humaines n'en font qu'une partie. Lorsque nous sommes blessés dans nos interactions avec les autres, les souvenirs peuvent être douloureux au début, mais, éventuellement, la douleur disparaîtra avec le temps.

"Il y aura toujours des gens dans votre vie qui vous traiteront mal. N'oubliez pas de les remercier de vous avoir rendu fort."
Zig Zig Ziglar

En d'autres termes, ne laissez jamais la douleur d'une connexion avec les gens vous retenir parce que les interactions humaines ne sont pas seulement nécessaires pour vous amener au sommet, pour augmenter votre influence d'impact sur ce monde, mais même au niveau de base de votre satisfaction personnelle, des interactions humaines sont nécessaires.

Tous les êtres humains ont le désir d'entrer en contact avec les autres. Le besoin de connexion est parfois motivé par le désir d'amour, mais il peut tout aussi bien être provoqué par des sentiments de solitude, le besoin

d'acceptation, la quête de réalisation ou le désir de réussir en affaires. Pour réaliser notre désir de relations, nous devons cesser de penser à nous-mêmes et commencer à nous concentrer sur les gens avec qui nous voulons établir des relations. Lorsque vous cessez de vous soucier de vous-même et que vous commencez à regarder les autres et ce qu'ils désirent, vous créez un pont avec les autres et vous devenez le genre de personne que les autres veulent côtoyer.

Bien que le rapport social soit complexe, il est important pour l'épanouissement de chaque individu... Il est difficile pour beaucoup de gens d'ouvrir leur cœur et de partager leurs sentiments et leurs problèmes. Cependant, l'interaction sociale où les gens peuvent exprimer leurs sentiments et partager leurs problèmes avec d'autres personnes a un effet bénéfique sur la santé humaine.

Comme le rapporte un article de HEBF (14 septembre 2012 - HEBF), un bon soutien social pourrait même aider à faire face au stress et à des changements de vie majeurs comme un divorce, un licenciement, un déménagement, etc. Il est prouvé que les personnes seules souffrent plus souvent de problèmes cardiovasculaires, de stress et de dépression. Le fait de savoir que les autres nous apprécient est un facteur psychologique important qui nous aide à oublier les aspects négatifs de notre vie et à penser plus positivement à notre environnement. Les amis et la famille peuvent aussi réduire le stress en disant des choses qui stimulent la confiance et en donnant un encouragement moral.

Le soutien social contribue non seulement à améliorer le bien-être d'une personne, mais il affecte également le système immunitaire, où le manque d'interaction sociale peut entraîner les premiers signes de dépression et d'anxiété.

Il semble très évident que notre santé dépend d'une certaine façon, d'autres personnes. Le soutien social et l'interaction sociale ont une influence positive sur la santé physique et mentale des êtres humains. Il diminue le stress, la dépression, l'anxiété et affecte aussi grandement notre système endocrinien. Donc, à la fin, nous pouvons dire que nous avons tous besoin de gens dans notre vie.

Au fur et à mesure que vous communiquez avec les autres pour établir des liens avec eux, partagez de tout votre cœur et soyez vous-même. Lentement mais sûrement, vous serez sur la bonne voie pour vous connecter avec eux non seulement au niveau d'un clic dans les médias sociaux ou même d'un contact téléphonique, mais en vous ouvrant vraiment. Les autres personnes vont remarquer combien vous êtes réel et vrai. Il y a de grandes chances qu'ils répondent à votre ouverture en s'ouvrant et que vous soyez tous sur la voie d'une connexion de qualité d'où fleuriront l'influence et le changement. Une influence qui vous propulsera vers le sommet et, ce faisant, apportera transformation et changement dans votre vie ainsi que dans la vie des personnes auxquelles vous êtes liées.

Je suis sûr que maintenant, après avoir répondu au questionnaire, vous savez où vous en êtes en ce qui concerne votre relation ou votre capacité d'avoir des relations de qualité avec les autres. Certains d'entre vous diront peut-être : "Eh bien Judith, nous comprenons tout à fait l'importance d'interagir avec les autres et de nous connecter avec eux, mais nous sommes plutôt du côté timide, les introvertis qui préfèrent vivre une vie discrète. Comment des gens comme nous peuvent-ils réussir à communiquer avec les gens, des conseils pour nous aider à communiquer avec le plus grand nombre de personnes possible ?"

C'est le sujet de notre prochain chapitre.

JUDITH GLORY

6 CONNECTER AVEC LES GENS

Êtes-vous doué pour communiquer avec les gens ? A quel point êtes-vous doué pour les faire s'ouvrir, vous faire confiance et être franc avec vous. C'est de cela qu'il s'agit. Il est courant de voir des gens confondre communiquer, parler à quelqu'un et se connecter avec quelqu'un.

Ici, le point important que nous voulons faire valoir, c'est que pour gagner avec les gens, il faut être en contact avec eux.

QU'EST-CE QUE cela signifie être lié à quelqu'un ? Que faut-il pour être lié à quelqu'un ? Que devons-nous mettre en place pour garder ouvert le canal et la connectivité ?

Comment gérer les situations où le lien est rompu ?

John Maxwell définit le lien avec quelqu'un comme étant : Le lien est la capacité de s'identifier avec les gens et d'établir des relations avec eux d'une manière qui augmente votre influence sur eux.

"La communication - le lien humain - est la clé de la réussite personnelle et professionnelle." Paul J. Meyer

Tous les êtres humains ont le désir d'entrer en contact

avec les autres. Le besoin de connexion est parfois motivé par le désir d'amour, mais il peut tout aussi bien être provoqué par des sentiments de solitude, le besoin d'acceptation, la quête de réalisation ou le désir de réussir en affaires. Pour réaliser notre désir de relations, nous devons cesser de penser à nous-mêmes et commencer à nous concentrer sur les gens avec qui nous voulons établir des relations. Lorsque vous cessez de vous soucier autant de vous-même et que vous commencez à regarder les autres et ce qu'ils désirent, vous créez un pont avec les autres et vous devenez le genre de personne que les autres veulent côtoyer.

Communiquez avec les autres en vous concentrant sur eux.

Vous pouvez communiquer avec les gens et les diriger seulement si vous les appréciez.

Lorsque vous communiquez avec les autres pour établir des liens avec eux, partagez de tout votre cœur et soyez vous-même.

Pour que cela se produise, il faut qu'il existe une relation entre deux individus. La connexion implique la confiance où prend du temps à se construire. Les Français disent que l'on gagne la confiance, la confiance se gagne, elle ne se donne pas. Il faut donc qu'il y ait une bonne et une bonne relation entre deux personnes avant de pouvoir parler de confiance et de connexion.

Pour certains, avoir une relation, c'est la même chose que d'être en relation avec quelqu'un, mais nous connaissons tous des cas où nous connaissons quelqu'un, et la seule chose que nous avons en commun, ce sont les salutations. Combien de collègues connaissons-nous avec qui nous avons ce genre de relation ? Il y a même des cas où les gens travailleront pendant de nombreuses années et quitteront l'entreprise sans même que nous connaissions leur nom. Peut-on dire que ces gens étaient en relation ? Où étaient-ils connectés ?

Aujourd'hui, avec les médias sociaux, il est si facile de demander une connexion avec quelqu'un en un seul clic. Pouvons-nous cependant dire que nous sommes vraiment liés à ces personnes ?

"Nous vivons dans un monde où beaucoup d'entre nous ont beaucoup d'amis sur Facebook, mais nous avons perdu tout contact humain."

Robin Sharma

Qu'est-ce qu'un lien humain ?

Selon Human Needs Psychology, une théorie développée par Tony Robbins, expert en psychologie du leadership, il y a six besoins fondamentaux qui nous gouvernent :

- Certitude
- Variété
- Importance
- Connexion
- Croissance
- Contribution

Tout le monde a ces besoins, même si le niveau peut varier d'une personne à l'autre.

Tout le monde s'efforce d'établir des liens et des liens avec les gens de son entourage et veut faire partie d'une communauté plus vaste. Nous voulons qu'on s'occupe de nous et qu'on se sente proche de gens aux vues similaires - que ce soit des amis, de la famille, des collègues ou une communauté en ligne.

Il a été observé que dans les équipes avec un haut niveau de connexion, la productivité est très affectée, en fait, selon McKinsey Global Institute, lorsque les employés sont connectés, la productivité devrait augmenter de 20% à 25%. Cette augmentation de la productivité se traduit par plus de 1,3 billion de dollars par année.

Si nous sommes connectés à 100% du temps et faisons partie d'une équipe, d'un projet ou d'une culture, cela va

Pour entretenir la connexion, vous pouvez aider

activement votre équipe à se sentir connectée et à mieux performer en créant un esprit d'équipe dans lequel chacun se sent accepté et apprécié. Faites de la place pour l'individualité et encouragez l'apprentissage et la croissance personnelle en fonction des forces et des objectifs de chaque membre de l'équipe.

Selon un récent sondage mené par Appirio, 47 pour cent des travailleurs ne sont pas pleinement engagés dans leur emploi actuel. La même enquête révèle que les primes et les rémunérations extravagantes ne suffisent pas à maintenir l'engagement et la productivité d'une équipe. Il s'avère que les meilleurs talents recherchent davantage un lien humain avec les employeurs et les collègues.

Comment mesurer/détecter une équipe bien connectée ?

Diverses personnes utilisent divers indicateurs de mesure :

Je mesure le lien humain dans n'importe quel groupe ou équipe avec deux choses.

1.   Avec le nombre de gros rires que j'entends chaque jour.

2.   Avec la rapidité et la profondeur des conversations entre les gens : Communiquent-ils de façon authentique, fluide, rapide et/ou avec humour ?

Que faut-il pour être connecté à quelqu'un ?

Pour établir un lien, il faut répondre à trois questions que les gens se posent toujours lorsqu'ils interagissent avec d'autres personnes :

1.   Est-ce que tu tiens à moi ?

2.   Pouvez-vous m'aider ?

3.   Je peux te faire confiance ?

Vous devez vous assurer que votre communication va au-delà des mots, en vous connectant à quatre niveaux : visuellement, intellectuellement, émotionnellement et verbalement.

Pourquoi est-il important d'être en contact avec les gens ?

Oui, dans le chapitre précédent, il était question de l'importance d'avoir des gens autour de vous, des gens qui vous suivent, des gens qui vous font confiance, pour que vous puissiez les influencer.

Mais il ne s'agit pas seulement d'avoir des gens qui travailleront après de vous comme si vous étiez un gourou, et qu'ils sont juste comme des machines qui vous suivent. La meilleure façon est d'entrer en contact avec les gens pour apprendre à les connaître et pour qu'ils aient vraiment confiance en vous. Parce que l'impact de la grille, c'est quand des gens de leur plein gré, ont vraiment besoin de vous faire confiance et qu'ils veulent suivre votre exemple. Ils veulent apprendre de vous. Ils vous voient comme un modèle. Ils vous regardent pour trouver des solutions dans leur vie. C'est à ce moment-là que le changement se produit vraiment, que l'influence se produit vraiment. Et pour que cela se produise, ce rapport doit être relié à vous.

Êtes-vous doué pour communiquer avec les gens ?

Comme je l'ai dit, il ne s'agit pas seulement d'envoyer une invitation sur les médias sociaux, les regardez-vous ? Vous les écoutez ? Vous vous souciez d'eux ? Vous voulez leur base ? Pensez-vous à ce que vous pouvez faire pour améliorer leur vie ? Parce que la vérité, c'est que tout le monde veut être amour. Tout le monde veut qu'on s'occupe de lui. Tout le monde veut se sentir roi ou reine. Tout le monde aspire à être aimé, à être accepté et à être soigné. Et en général, quand les gens verront que vous les faites pour eux, ils s'ouvriront à vous, ce qui est exactement la raison pour laquelle il est dit dans la vie :

"Vous pouvez obtenir ce que vous voulez, si vous aidez suffisamment de gens à obtenir ce qu'ils veulent." Zig Zig Ziglar

Parce que lorsque vous faites ces choses comme vous, vous vous développez et que vous les faites pousser. Ils aiment rester autour de vous parce que quand ils sont avec vous, ils se sentent comme des rois, elles se sentent comme des reines. Vous voyez les bonnes choses en eux. Vous les pressez, vous leur donnez l'impression qu'ils sont capables, vous leur donnez l'impression d'être le guerrier, vous les encouragez. Et même en plus de cela, vous donnez des conseils en faisant des choses qui les aident à être une meilleure version d'eux-mêmes.

Comment ne vont-ils pas te suivre ?

Et c'est exactement ce qui s'est passé avec Jésus. Il était affectueux. Il ne jugeait pas. Il ne se plaignait pas même quand il était confronté à des gens qui vivaient une vie très mauvaise. Jésus continuait à les aimer pour prendre soin d'eux pour donner le meilleur d'eux-mêmes. Jésus n'a pas cessé de les accepter et de les aimer tels qu'ils étaient. Il n'a jamais condamné quiconque venait après lui pour être avec lui et pour le suivre. Et c'est pour ça que les gens allaient le voir. Quand ils avaient faim, il leur en fournissait et il soignait son peuple. Il tenait vraiment à son peuple. Et dans la vraie vie, vous verrez des entreprises qui veulent vraiment plus parce qu'ils regardent, qu'ils considèrent les besoins de leurs clients et plus ils pourraient comprendre en détail ce que leurs clients veulent. Plus ils investissent du temps et de l'argent, d'énergie pour savoir et répondre aux besoins de leurs clients, plus ils feront plus de ventes.

Certaines études scientifiques disent que plus nous en savons sur le profil, plus nous en savons sur les gens avec qui vous interagissez, mieux nous pouvons communiquer avec eux. C'est pourquoi il existe de nombreuses organisations où la formation KYC (Know Your Customer) est la toute première formation que tous les nouveaux employés doivent suivre lorsqu'ils sont engagés dans l'entreprise.

Dans quelle mesure établissez-vous de bonnes relations avec les gens de votre maison, dans votre organisation, votre travail, dans votre entreprise avec les membres de votre équipe ?

A quel point êtes-vous bon dans la connexion avec votre peuple ?

Il est important de prendre le temps d'évaluer notre niveau de connectivité parce que ceux avec qui nous sommes vraiment connectés et avec qui il y a un flux réel, il y a une tendance pour ces personnes (collègues, amis, membres d'église...) à rester avec nous. Quand on est vraiment connecté aux gens, ils restent dans le coin.

Et plus ils restent, plus votre cercle d'influence grandit, plus l'impact que vous pouvez avoir dans leur vie sera grand.

J'entends quelqu'un me dire : "Oui, Judith, mais je suis introverti, je comprends tout à fait, mais je ne sais pas par où commencer comme introverti....".

Même les introvertis ont besoin de relations humaines pour se réaliser pleinement, ils peuvent sembler timides mais leur âme désire ardemment se connecter et partager leurs expériences, les joies et les peines de la vie avec d'autres personnes.

Dans la prochaine section, je partagerai 10 étapes d'actions pour aider n'importe qui, même l'introverti, être capable de se connecter avec qui il veut. Si vous suivez simplement les étapes et que vous vous connectez plus souvent, je peux les résumer en trois choses : Aimez les gens autour de vous. Connaissez les gens autour de vous et puis faites-les grandir, ils se connecteront avec vous.

"Le besoin le plus fondamental de tous les besoins humains est le besoin de comprendre et d'être compris." - Ralph Nichols

10 étapes pour se connecter avec n'importe qui (Comme enseigné dans chacun communiqué mais peu se connectent par John Maxwell) :

1. Tout d'abord, connectez-vous avec vous-même

Vous devez savoir qui vous êtes et avoir confiance en vous si vous désirez communiquer avec les autres. Les gens n'écoutent pas l'appel d'une trompette incertaine. Ayez confiance en vous et soyez vous-même. Si vous ne croyez pas en qui vous êtes et où vous voulez diriger, travaillez là-dessus avant de faire quoi que ce soit d'autre.

2. Communiquez avec ouverture et sincérité

Les gens peuvent sentir un faux à des kilomètres. Un entraîneur légendaire de la NFL, Bill Walsh, a déclaré : "Rien n'est plus efficace qu'un compliment sincère et précis, et rien n'est plus nul qu'un compliment à l'emporte-pièce". Des leaders authentiques se connectent.

3. Connaissez votre public

Lorsque vous travaillez avec des individus, connaître votre public signifie apprendre le nom des gens, découvrir leur histoire, poser des questions sur leurs rêves. Lorsque vous communiquez avec un auditoire, vous apprenez à connaître l'organisation et ses objectifs. Vous voulez parler de ce qui les préoccupe, pas seulement de ce qui vous préoccupe.

4. Vivez votre message

La chose la plus importante que vous puissiez faire en tant que leader et communicateur est peut-être de mettre en pratique ce que vous prêchez. C'est de là que vient la crédibilité. Beaucoup de gens sur le marché sont prêts à dire une chose à un auditoire, mais à faire autre chose. Ils ne durent pas.

5. Allez là où ils sont

En tant que communicateur, je n'aime pas les obstacles à la communication. Je n'aime pas être trop loin de mon public ni trop haut au-dessus d'eux sur scène. Et je ne veux aucune barrière physique entre moi et les gens. Mais la méthode de communication d'une personne peut aussi être un obstacle. Que je parle depuis une scène ou assis en face de quelqu'un dans mon bureau, j'essaie de parler la langue de l'autre personne, d'aller vers cette personne. J'essaie d'être à l'écoute de la culture, des antécédents, de l'éducation, etc. des autres. Je m'adapte aux autres. Je ne m'attends pas à ce qu'ils s'adaptent à moi.

6. Concentrez-vous sur eux, pas sur vous-même

Si vous preniez l'ascenseur avec moi et me demandiez

de vous dire le secret d'une bonne communication avant de descendre à l'étage suivant, je vous dirais de vous concentrer sur les autres, pas sur vous-même. C'est le problème numéro un des orateurs inexpérimentés et c'est aussi le problème numéro un des dirigeants inefficaces. Vous vous connecterez toujours plus rapidement lorsque vous ne vous concentrez pas sur vous-même.

7. Croyez en eux

C'est une chose de communiquer avec les gens parce que vous croyez avoir quelque chose de valeur à dire. C'en est une autre de communiquer avec les gens parce que vous croyez qu'ils ont de la valeur. L'opinion que les gens ont de nous a moins à voir avec ce qu'ils voient en nous qu'avec ce que nous pouvons les aider à voir en eux-mêmes.

8. Orientation de l'offre et espoir

Les gens s'attendent à ce que les dirigeants les aident à atteindre leurs objectifs. Mais les bons dirigeants font cela et plus encore. Le général français Napoléon Bonaparte a dit : "Les leaders sont des marchands d'espoir." C'est tellement vrai. Quand on donne de l'espoir aux gens, on leur donne un avenir.

9. Arrêtez de parler et écoutez attentivement ce qu'ils disent.

Il est probablement vrai que nous avons tous de la place pour nous améliorer en tant qu'auditeurs. Il est naturel de se concentrer sur nous-mêmes et sur ce que nous avons l'intention de dire ensuite. En fait, à quand remonte la dernière fois que vous avez vraiment ÉCOUTÉ quelqu'un à qui vous tenez ? Cela demande de la concentration et de l'attention, et la volonté de mettre de côté ce que vous voulez dire, de sorte que vous entendiez vraiment l'autre personne. Une bonne écoute communique les soins. Concentrez-vous donc sur l'écoute, surtout de vos proches, lorsque vous passez du temps ensemble, et ils recevront le message que vous les aimez.

10. Faites-en sorte qu'il en soit ainsi et montrez la

disponibilité pour eux.

Personnellement, j'aime tous ces dix éléments, mais les cinq derniers points un peu plus et chaque fois que je l'ai appliqué à mes relations, elles m'ont permis d'obtenir la meilleure qualité de connexion, une bonne connexion. Ne le fais pas pour toi. Faites de l'autre personne, le centre de votre préoccupation. Montrez un intérêt réel à l'autre personne et vous pourriez être surpris de la façon dont la personne s'ouvre à vous comme une fleur. Une bonne relation, c'est celle de l'autre personne. Si vous voulez vraiment communiquer avec votre famille, vos amis et vos collègues cette saison, vous devez les faire passer en premier. Vous devez changer votre concentration de l'intérieur vers l'extérieur, sur vous-même et sur les autres. Et c'est pour moi le secret pour communiquer avec les autres afin de permettre la franchise et l'influence.

Au fur et à mesure que vous appliquerez ces étapes dans vos interactions quotidiennes avec les autres, vous serez de plus en plus en contact avec eux et votre cercle de connexion s'élargira. Dans le chapitre suivant, nous nous pencherons plus en profondeur sur la façon de développer et de faire croître votre cercle d'influence à des niveaux de plus en plus élevés. J'irai plus en détail à ce sujet dans le prochain chapitre où j'expliquerai comment vous pouvez réussir à développer votre connexion pour augmenter votre nombre de connexions, pour développer votre cercle, pour développer votre tribu. Alors restez avec moi!

7 AGRANDIR VOTRE TRIBU

"Il y a tant de façons différentes de diriger. Le plus important est d'être authentique. D'avoir des gens autour de vous qui ont confiance en vous, en ce que vous représentez et en qui vous êtes. Et je pense que si les gens vous regardent jour après jour et croient en vos motivations et qu'ils croient que vous vous fixez des normes élevées."

Steve Nash

Il y a tellement de manières de guider. Le plus important, c'est d'être entouré de gens qui ont confiance en ce que vous représentez et en ce que vous êtes.

Et je pense que si les gens vous regardent jour après jour, ils croiront en votre mission.

Steve Nash et eux croient que vous vous êtes fixé des objectifs rigoureux. Ils vous suivront.

Oui, il est temps maintenant de parler de la façon de se développer. Vous avez maintenant quelques conseils sur la façon de communiquer avec les gens. Vous voulez avoir un plus grand impact, une plus grande influence.

Vous devez augmenter le nombre de personnes sur

lesquelles vous avez de l'influence et la façon dont vous le faites. En montrant un amour sincère !

Comme je l'ai dit, mon cadre reste l'amour, connaître et grandir vous-même et votre peuple et je veux dire par amour, l'amour inconditionnel. Il suffit de les aimer pour qui ils sont, juste les aimer non pas parce qu'ils font ceci ou ils font cela juste les aimer, vraie loi véritable.

Gary Chapman nous donne comme un bon livre sur le genre de langues d'amour, ceux que vous côtoyez dans votre travail dans votre église, dans votre organisation, dans votre entreprise, dans votre équipe, est-ce que vous les aimez ?

Si vous les aimez, êtes-vous sûr qu'ils comprennent que vous les aimez et que vous prenez soin d'eux ?

Utilisez-vous le langage de l'amour qu'ils comprennent, certains aimeront être loués. D'autres vont adorer les petits cadeaux. Certains aimeraient passer un peu de temps avec vous pour vous serrer dans leurs bras ou vous serrer la main. Vous serez très heureux de vraiment connaître la loi du langage que les gens que vous voulez connecter pour comprendre afin de parler leur langue.

C'est pour la dernière partie. Maintenant, un autre point, est de les remarquer, plus vous les connaissez, plus vous tenez à eux. Plus vous vous connaissez vous-même, plus vous deviendrez capable d'interagir avec les autres.

Disons, par exemple, que vous voulez vous connecter à ce superviseur qui est un analyste, qu'il adore les rapports, qu'il aime les emails, qu'il aime les informations présentées de façon détaillées. Pour que vous vous connectiez vraiment à lui et lui donniez vraiment quelque chose qui le rendra heureux, votre rapport, vos emails devraient contenir ces détails analytiques. Sinon, il aura l'impression que vous n'êtes pas à la hauteur de ses attentes et de ceux du poste.

Si par contre vous voulez connecter avec cette coordinatrice d'équipe qui est très sociale. Pour elle, ça va bien et tout roule quand, elle parle avec plusieurs personnes. Que des activités sont organisées qui vont lui permettre de rencontrer de nouvelles personnes et tisser de nouveaux liens. Essentiellement pour cette coordinatrice, il est important de rencontrer du monde et d'avoir une vie sociale remplie.

Pour connecter avec elle, pensez à aller la rencontre dans son milieu, une sortie pour partager un verre ou une invitation à une soirée réseautage aura beaucoup plus de succès que les emails et rapport détaillés dont nous parlions plus haut.

Vous pouvez lui passer le même message autour d'un repas lors d'une sortie ou même juste lors du partage d'un café.

Connaître les membres de votre équipe vous permettra d'avoir une meilleure qualité de relation et ils se sentiront plus proches de vous si vous parlez leur langue, si vous faites les choses de la façon dont ils les comprennent beaucoup plus que si vous les faites à votre façon. C'est dans ce sens que cela aide de connaître vraiment vos gens pour savoir avec qui vous êtes, connaître leur personnalité et aussi connaître la tendance, qui est le deuxième aspect que je veux développer ici. Connaissez-vous cette tendance des membres de votre équipe, connaissez-vous la force de votre responsable, connaissez-vous cette tendance des gens dans votre entreprise, il est important de savoir que lorsque vous connaissez la zone de tendance, vous devez vraiment les garder dans cette zone.

Plus vous les faites sortir de la zone, plus ils seront gênés, mais si vous les maintenez dans la zone de tendance, vous en tirerez le meilleur parti. Ils seront tellement heureux de jouer dans la zone de force qu'ils obtiendront de meilleurs résultats.

C'est donc un bon moyen de se connecter et de faire grandir sa tribu. Personne ne veut traîner avec quelqu'un qui n'arrête pas de dire que tu n'es pas doué pour ça. Et si vous ne les placez pas dans les tranchées, leurs résultats risquent de ne pas être optimaux. Et si vous ne savez pas

JUDITH GLORY

encore comment libérer le pouvoir de l'éloge, il peut y avoir des critiques ou des plaintes sur le type de résultats et de nous donner une conséquence vers le bas, j'aime à traîner avec vous.

Et vous devez aussi vous connaître parce que parfois vous aurez des gens dans votre environnement qui marcheront avec vous et qui collaboreront avec vous. Ils pensent qu'ils font de leur mieux, mais peut-être qu'ils ne se comportent pas vraiment ou ne parlent pas vraiment la langue que vous comprenez ou ne correspondent pas au profil que vous avez. Il sera donc beaucoup plus facile de se connaître soi-même et de les connaître pour faire un rapprochement. Mais pour communiquer avec les gens, vous devez absolument savoir qu'ils connaissent leur profil. Je connais le meilleur moyen d'en savoir le plus possible sur eux, parce que plus vous les connaissez, plus il vous sera facile de communiquer avec eux.

Maintenant que vous avez décidé d'aimer votre peuple, vous avez pris la décision de le connaître.

Il est temps d'ajouter un autre ingrédient : Faites grandir votre peuple.

Pouvoir faire grandir sa tribu, c'est la développer.

Il y a des gens qui sont spécialisés pour voir ce qu'il y a de mieux pour voir le potentiel et pour que les gens autour d'eux atteignent ce potentiel.

Vous est-il déjà arrivé de rencontrer quelqu'un au bout de quelques mois ou de quelques semaines, comme si la personne devenait la personne qui s'améliore ou s'aggrave ? Alors, quel est votre propre jugement à l'égard de ceux qui viennent autour de vous en ce qui concerne leur développement, avez-vous un plan pour former des gens qui travaillent dans votre organisation ? Avez-vous l'intention d'augmenter le nombre de membres de votre équipe ? Avez-vous un plan pour faire grandir vos amis ? Quel plan pour amener les membres de votre communauté d'où ils sont aujourd'hui à un niveau supérieur ?

Parfois, nous pensons qu'il s'agit simplement d'une responsabilité du gestionnaire de quelque chose qui appartient à ceux qui sont au niveau stratégique de l'organisation. Mais non, vous avez peut-être un ami et vous voyez dans cet ami un certain potentiel. Vous avez peut-être un enfant, vous avez peut-être des gens dans votre église, vous avez peut-être quelqu'un dans votre organisme sans but lucratif, mais vous voyez que cette personne peut être un artiste. Cette personne peut être un musicien, cette personne peut être un auteur.

Si vous vous mettez à la place de quelqu'un, si vous avez un ami qui est aimant, quelqu'un que vous connaissez, nous serons là pour vous. Nous ne vous laisserons jamais. Qui vous accepte vraiment comme vous ne l'êtes pas en raison de votre résultat, de votre profil ou de votre réputation. Dans les bons et les mauvais moments. La personne est heureuse et cette personne vous connaît et elle vous aime indépendamment de votre force ou de votre faiblesse. La personne essaie de t'aider à rester dans ta zone de force et c'est un bonheur en plus.

Une personne qui vous encourage à donner le meilleur d'elle-même donne ce qu'elle peut pour que vous soyez vous-même ? Tu ne veux pas être avec cette personne tout le temps ? Voulez-vous rester à proximité de cette personne ? Ne voulez-vous pas avoir cette personne tout le temps avec vous dans plus de 90 % des cas ?

Si vous allez appliquer tous ces exemples dans votre maison, dans votre travail avec les membres de l'équipe dont vous avez parlé, je suis sûre que les choses seront radicalement différentes. Vous ne vous sentirez pas encore une fois tout seul, abandonné dans votre coin ou ne faisant pas partie du groupe du cerveau parce que les gens aiment traîner autour de vous, les gens viennent à vous. Les gens te parleront et te diront ce qui se passe parce qu'ils savent que lorsque vous êtes là, ils se sentent appréciés, traités comme des rois, ils se sentent pris en charge. Ils savent que vous êtes là pour eux et que vous ne voulez que le meilleur pour eux.

Voici 10 étapes d'actions que j'ai utilisées à maintes reprises dans les différents groupes et organisations auxquels j'ai participé. Ils travaillaient quand j'étais un animateur de jeunesse actif, ils travaillaient pendant les années universitaires et ils travaillent encore aujourd'hui.

Si vous avez besoin d'agrandir votre tribu ou d'augmenter votre cercle d'influence, faites-en un essai et voyez par vous-même les résultats.

10 étapes d'action pour faire grandir votre tribu :

1.   Choisir 3 personnes dans lesquelles investir.

Parmi les personnes avec lesquelles vous interagissez, sélectionnez 3 personnes dans lesquelles vous vous engagez à investir et à les faire grandir. Il s'agira d'y verser de l'eau pour les cultiver, pour en faire la meilleure version qui soit. L'investissement étant le temps, le service, la formation, l'argent, de toutes sortes.

2.   Consacrez-vous à ces gens

Tout comme Jésus a pris du temps avec ses disciples, prenez du temps pour ces 3 personnes que vous avez choisies. La façon dont vous vous y prenez dépend entièrement de ce qui vous convient. En faisant cela dans le contexte de la CSBF (Christian Student Bible Fellowship), nous le faisions dans un cadre individuel où nous inviterions notre protégé à prendre un café ou à passer du temps avec lui, de préférence le week-end pour partager ce qui se passe dans leur vie et comment nous pourrions l'aider. Nous prenions aussi le temps d'apprendre quelque chose de nouveau en étudiant la bible.

Dans le contexte des enseignants de l'école du dimanche, cela se fera dans des réunions de groupe pendant les retraites. Pendant ces retraites, faire ensemble des activités comme cuisiner pour le pique-nique, permettrait aux gens de s'ouvrir en dehors du contexte de la préparation de la classe pour les peaux de chevreau, les gens partageraient leur réalité et le responsable en profiterait pour partager quelques idées sur la façon de grandir... C'est donc à vous de choisir la configuration qui fonctionne pour vous et les gens dans lesquels vous vous investissez.

3. Faites-les grandir pour qu'ils puissent faire grandir d'autres personnes.

Cette étape est facile à reconnaître, car les gens dans lesquels vous investissez cessent de se concentrer uniquement sur eux, mais commencent aussi à vouloir en faire grandir d'autres. Leurs questions et préoccupations montrent un changement d'orientation. Vous aiderez à combler ce désir dans la prochaine étape.

4. Encadrez-les dans la sélection de leurs 3 personnes à développer

Une fois que les personnes que vous faites grandir auront exprimé leur désir d'aider les autres, vous les aiderez en leur donnant des conseils sur la façon de choisir les personnes dans lesquelles ils veulent investir. Il est conseillé de commencer avec un et seulement après que les résultats se sont avérés justes, qu'ils peuvent prendre un peu plus de personnes pour grandir avec un maximum de trois.

5. Encadrez-les dans leurs tâches de mentorat.

Bien que votre protégé commence à investir dans d'autres personnes pour les faire grandir, vous n'êtes pas la personne qui leur dit quoi faire. Votre tâche est plus une tâche de coaching, les aider à trouver la réponse, pas leur donner la réponse aux questions qu'ils peuvent avoir dans le processus.

6. Donnez-leur les moyens de faire un suivi de temps en temps.

Au fur et à mesure que votre personnel acquiert de l'expérience en matière de mentorat, votre participation sera réduite. Si par exemple votre routine était une réunion hebdomadaire, elle peut être réduite à une réunion mensuelle et même tous les deux mois selon le degré de maturité de votre protégé et de la qualité des résultats qu'il obtient.

7.   Donnez-leur de l'espace pour développer leur style de mentorat.

Certains parents, même lorsque leurs enfants sont grands, veulent toujours être là et prendre des décisions à leur place. Ils ne reconnaissent pas que leurs enfants sont maintenant adultes. Cela se produit également dans le processus de croissance de votre tribu. Il sera plus bénéfique de laisser de la place au protégé pour être lui-même, pour choisir sa couleur, de la place pour développer son style. Tout comme les adolescents demandent de la place pour qu'ils soient, ce qu'ils pensent être. Dans le processus de mentorat, en tant que mentor, vous auriez avantage à donner de la place aux gens dans qui vous investissez pour qu'ils deviennent unique. Il n'est pas rare de voir dans cette phase 3 personnes complètement différentes qui ont suivi le même enseignement que nous avons donné mais qui ont grandi pour devenir des personnes très différentes.

Leurs différentes couleurs contribuent à un monde beaucoup plus riche pour vous tous.

8.   Permettez-les de commencer leur tour.

Il est également arrivé tout au long de l'histoire que certains de vos protégés veuillent créer leur propre cercle. Ici, la maturité du mentor déterminera si cette relation se poursuivra dans le cadre d'une collaboration plus pacifique ou du début d'un schisme. Le sage mentor sait que son but était de faire grandir la personne dans laquelle il a choisi d'investir, et non de le transformer pour son propre bénéfice.

Mon conseil est d'être un sage mentor et d'aider le protégé à étudier ses options, à comprendre pourquoi il veut commencer son propre cercle et si le protégé persiste dans ce but, bénis-le et donne-lui autant d'aide que possible et laisse-le partir.

9.   Continuer à grandir et à partager

Il est généralement conseillé de choisir 2 personnes importantes dans votre vie, quelqu'un dont vous apprenez. C'est quelqu'un qui agit comme un mentor pour vous, tout comme vous le faites pour les 3 personnes que vous avez sélectionnées ci-dessus. Vous aurez aussi besoin de quelqu'un au même niveau que vous en ce moment, quelqu'un qui pourrait être confronté aux mêmes défis que vous. Se rapprocher d'une telle paire permettra de partager des frustrations communes, des difficultés et aussi la façon de résoudre ou de passer à travers les moments de réflexion. Avoir ces 3 niveaux de relation dans votre vie (quelqu'un qui vous aide à grandir = votre mentor ; quelqu'un que vous apprenez tous les deux au même niveau = votre paire et certaines personnes dans lesquelles vous vous investissez) assurera une croissance constante et continue dans votre vie.

10. Soyez prêt à voir votre protégé obtenir de meilleurs résultats

Élie a fait beaucoup plus de miracles qu'Élisée. Jésus lui-même a dit que si ses disciples croyaient en lui, ils pourraient faire des miracles bien plus grands que lui.

Lorsque nous décidons d'investir dans les gens, il peut arriver qu'ils grandissent tellement qu'ils en savent plus, qu'ils sont capables d'en faire plus et qu'ils atteignent des sommets plus élevés que nous. Nous devrions être reconnaissants, encourager et continuer à construire, bénir ces gens. Un tel succès, au lieu de nous placer en deuxième position, montre à quel point nous avons fait un excellent travail de mentor.

C'est un autre endroit où notre ego et notre maturité

seront mis à l'épreuve. Voulons-nous atteindre le sommet juste nous et être fiers d'être les meilleurs experts ou de voulons nous aider le plus grand nombre possible de personnes à atteindre le sommet ? Si notre réponse est la plus tardive, nous n'aurons aucun problème à voir que nous avons aidé quelqu'un à grandir au point d'atteindre des sommets plus élevés que nous..

8 CEUX QUE TU SERS TE MENENT AU SOMMET

"Si vous voulez atteindre le sommet, n'écrasez pas les autres. Probablement, la seule façon d'atteindre le sommet, c'est d'être emmené là-bas par d'autres."

John C. Maxwell

"Tout le monde ne peut pas être célèbre. Mais tout le monde peut être grand, parce que la grandeur est déterminée par le service. Vous n'avez pas besoin d'avoir un diplôme universitaire pour servir. Vous n'avez pas à faire en sorte que votre sujet et votre verbe acceptent de servir. Vous n'avez pas besoin de connaître Platon ou Aristote pour servir. Pas besoin de connaître la théorie de la relativité d'Einstein pour servir. Vous n'avez pas besoin de connaître la deuxième théorie de la thermodynamique en physique pour servir. Tu n'as besoin que d'un cœur plein de grâce et d'une âme engendrée par l'amour." Martin Luther King, Jr.

Tout comme les disciples de Jésus voulaient l'introniser roi d'Israël, vos collègues, vos clients, vos collègues, vos collaborateurs, les membres de votre communauté voudront que vous soyez leur élu et, ce faisant, ce sera celui qui vous portera au sommet et qui vous comblera de plus de succès.

Oui, êtes-vous déjà allée à un concert qui était si chaud, si amusant où beaucoup de gens s'amusent puis ils commencent à chanter, et à un moment donné, ils portent le chanteur sur leur tête ?

Cela arrive aussi parfois dans les matchs de football auxquels les gens jouent et à la fin quand le match est terminé, ils portent le meilleur marqueur ou le meilleur joueur du match et le mette sur leurs épaules, fièrement, en chantant son nom. C'est une autre façon pour eux de célébrer la victoire que le buteur de buts leur a donné tout comme pour les musiciens dans un concert qui célèbrent les artistes pour le beau concert et la bonne musique qu'ils ont performé. Il fonctionne de la même façon avec votre tribu et votre influence comme vous prenez soin de votre équipe ils vous feront leur roi comme vous prenez soin de votre équipe et ils vous feront le champion comme vous prenez soin d'eux et ils vous feront élever à un niveau supérieur.

Dans certaines organisations, on dit même parfois que c'est les membres de l'équipe qui fait la fierté d'un gestionnaire et un gestionnaire qui a compris ce concept, il prend vraiment grand soin de son équipe parce que sans eux, il n'est rien. Je vais donc parler des aspects, de plus vous avez des gens qui vous font confiance, qui vous suivent, plus votre influence sera grande et plus vous investissez dans la qualité de votre personnel, plus vous aurez une tribu de plus grande qualité.

Ceci est même observé avec le phénomène des influenceurs sur les médias sociaux.

Vous verrez que plus les gens ont d'adeptes inscrits sur leurs listes, plus leur statut d'influenceur est établi, exactement comme je l'ai expliqué précédemment avec Jésus....

Il n'est pas rare sur les médias sociaux de voir des gens célébrer leur millième, million ou plus d'abonnés. Ce n'est pas seulement pour s'amuser, même s'il peut y avoir du plaisir, ces gens célèbrent parce que plus leur portée est étendue, plus ils ont d'influence. En conséquence, ils sont contactés par des agences de marketing pour de la publicité. Les entreprises qui font de la publicité connaissent le pouvoir que l'influenceur peut avoir sur leurs adeptes. Où avoir des milliers de personnes qui vous suivent n'arrive pas du jour au lendemain. La plupart des personnes qui ont obtenu d'excellents résultats dans la construction de leur clientèle avaient une stratégie derrière elles.

Comme je l'ai recommandé dans le chapitre précédent, choisissez les trois personnes dans lesquelles vous voulez investir. Avez-vous déjà sélectionné vos trois candidats ? C'est à vous de décider, mais je vous en prie, agissez en conséquence.

"Le meilleur moyen de te trouver, c'est de te perdre au service des autres." Mahatma Gandhi

10 conseils pour mieux servir votre personnel

Que ce soit au travail, dans votre entreprise, dans votre engagement communautaire ou à l'église, voici quelques conseils pour vous aider à mieux servir votre peuple :

1.   Soyez aimable avec vos collaborateurs (collègue, client, camarade, membre de la communauté...).

2.   Établissez des relations avec votre personnel.

3.   Écoutez ce que votre entourage veut vous dire.

Parfois, il ne suffit pas d'écouter. Savoir ce que vos clients veulent avant même qu'ils ne s'en rendent compte peut leur donner une excellente réputation en tant que marque attentive et sympathique. Cela se résume à comprendre vraiment vos client et ce qu'ils sont

réellement.

4.   S'il y a un problème, corrigez-le.

Je ne sais pas si ça ne devrait pas faire partie de votre vocabulaire. Il y a des chances qu'à un moment ou à un autre, quelqu'un vous pose une question à laquelle vous ne connaissez pas la réponse. Au lieu de dire, je ne sais pas, offrez une alternative. Pensez à une autre façon d'aborder leur problème. S'il y a un problème à résoudre, faites tout ce que vous pouvez pour le résoudre le plus rapidement possible, mais soyez honnête quant au temps qu'il faudra pour le résoudre.

5.   Reconnaissez vos erreurs et excusez-vous.

Si vous avez fait quelque chose de mal, et que vous vous creusez les talons sans admettre votre erreur, vous obtiendrez probablement l'effet contraire de ce que vous recherchiez. Des excuses sincères peuvent souvent faire beaucoup de chemin, et c'est la première étape pour se racheter. Je suis désolé, peut faire toute la différence.

6.   Ignorez les erreurs de votre équipe.

7.   Contournez les règles si vous le pouvez pour servir votre communauté.

La satisfaction de la clientèle dépend souvent de l'équité de vos employés. Même si c'est un peu différent de ce à quoi ils s'attendaient au départ, vos employés resteront plus souvent qu'autrement si ce qui se passe pendant leur expérience avec votre entreprise est juste et à leur avantage.

8.   Parlez pour bâtir votre communauté, jamais pour la rabaisser.

Vos gens ne veulent pas avoir l'impression que vous leur parlez comme si c'était des enfants. Même si votre client ne comprend pas nécessairement les détails complexes du fonctionnement de votre entreprise, donnez-lui l'impression qu'il les comprend.

Laissez plutôt la louange, l'appréciation et les remerciements faire partie de vos interactions quotidiennes avec votre peuple. Que votre générosité soit vue, ressentie et entendue dans tout ce que vous faites, disons. C'est parce que la louange porte en elle un pouvoir exceptionnel pour permettre aux gens de se sentir bien et de s'ouvrir. Vos employés se sentent toujours spéciaux d'être appréciés et célébrés pour toutes les bonnes choses que nous remarquons en eux.

Montrez du respect à votre peuple en reconnaissant ce qu'il a fait. Je peux être aussi simple que de les complimenter sur un choix qu'ils ont fait lors d'une commande. Ou, s'ils révèlent un accomplissement - peut-être une promotion au travail, un 5K, un diplôme d'études collégiales d'un enfant - au cours de conversations sur l'établissement de rapports, félicitez-les des efforts qu'il a fallu pour y parvenir. Et notez-le dans leur compte pour que vous puissiez faire un suivi plus tard.

Partout où vous regardez, il y a des possibilités d'éloges positifs. Inventez-les et faites-les se réaliser !

9.   Rassurez toujours les gens dont vous avez la charge.

Donnez à vos employés l'impression qu'on s'occupe d'eux, qu'on s'occupe d'eux comme d'un enfant précieux. En devenant réel et émotionnel, l'ajout d'une touche personnelle à la conversation mettra instantanément le client à l'aise. Lorsque vous envoyez des bulletins d'information, des annonces ou des offres spéciales, donnez l'impression qu'ils sont les seuls à recevoir cette lettre. Le traitement VIP pour chaque personne distinguera leur lien avec vous à toute autre relation qu'ils ont. D'innombrables services d'assistance téléphonique utilisent un script pour résoudre un problème, et bien qu'il soit acceptable, et dans la plupart des cas nécessaire pour le faire, ne le faites pas passer pour votre script. Personne ne veut parler à un représentant du service à la clientèle robotique qui donne l'impression de lire une page plutôt que de parler à un être humain.

La plupart des employés de première ligne ont probablement appris, il y a longtemps, à s'adresser à vos employés par leur nom pour rendre l'expérience plus personnelle. C'est toujours vrai. Mais l'ajout d'un souvenir - se référant peut-être à une expérience passée ou à des renseignements personnels que les gens ont partagés une autre fois - montre que vous vous souciez de la personne et pas seulement de la transaction.

10. Montrez-leur que vous jouez avec eux pour gagner

Lorsque vous traitez avec vos employés, c'est une chose de leur montrer que vous vous souciez d'eux, que vous voulez les aider en leur fournissant des conseils ou des services ou quoi que ce soit pour les aider. C'est un autre niveau que de revêtir les vêtements de l'équipe et de jouer tout le match avec elle.

UNE FEMME D'INFLUENCE

9 LE LEADERSHIP, C'EST L'INFLUENCE

"Le leadership n'a rien à voir avec un titre ou une désignation. C'est une question d'impact, d'influence et d'inspiration. L'impact implique d'obtenir des résultats, l'influence consiste à répandre la passion que vous avez pour votre travail, et vous devez inspirer vos coéquipiers et vos clients."

Robin S. Sharma

"En fin de compte, le leadership ne consiste pas à perpétuer des actes glorieux. Il s'agit de garder votre équipe concentrée sur un objectif et qu'elle soit motivée à faire de son mieux pour l'atteindre, surtout lorsque les enjeux sont élevés et que les conséquences comptent vraiment. Il s'agit de jeter les bases du succès des autres, puis de prendre du recul et de les laisser briller. "

Chris Hadfield

Le leadership serviteur est une philosophie de leadership. Le leadership traditionnel implique généralement l'exercice du pouvoir par une seule personne au "sommet de la pyramide". Par comparaison, le leaderserviteur partage le pouvoir, fait passer les besoins des autres en premier et aide les gens à se développer et à performer le plus haut possible. Le leadership serviteur renverse la pyramide du pouvoir au lieu que les gens travaillent pour servir le leader, le leader existe pour servir le peuple. Lorsque les leaders changent d'état d'esprit et servent d'abord, ils font preuve de détermination et d'ingéniosité à l'égard de ceux qui les entourent, ce qui se traduit par un rendement supérieur et des employés engagés et satisfaits.

Le Leadership serviteur est unique, comparé à d'autres styles de leadership. L'idée qu'un leader doit servir ses partisans est un concept paradoxal qui embrouille beaucoup de gens. Malgré tout, lorsqu'on essaie de produire du changement, le leadership au service des autres reste un moyen efficace de motiver les adeptes. L'accent particulier qu'elle met sur le bien-être des gens peut renforcer sa capacité à créer le changement et à laisser ses adeptes changés sur les plans professionnel et personnel.

Dans le leadership serviteur, le pouvoir est donné par les autres au leader qui utilise ce pouvoir pour créer des opportunités et des alternatives pour tous.

Selon Robert Greenleaf, "si l'on veut construire une bonne société, une société plus juste et plus humaine, où les moins capables et les plus capables se servent les uns les autres avec une responsabilité illimitée, alors le meilleur moyen est d'améliorer la performance en tant que serviteur des institutions et de sanctionner les serviteurs naturels pour servir et diriger "

"Le meilleur test, bien que difficile à administrer, est : Ceux qui sont servis grandissent-ils en tant que personnes ; en étant servis, deviennent-ils plus sains, plus sages, plus libres, plus autonomes, plus susceptibles de devenir eux-mêmes des serviteurs ? Et, quel est l'effet sur les moins privilégiés de la société..."

Depuis que Robert Greenleaf a inventé le terme " leader serviteur " dans les années 1970, les membres du milieu des affaires ont accueilli cette expression avec un certain scepticisme. Avec des dirigeants contemporains comme David Marquet et Adam Grant qui abordent maintenant le sujet, il n'y a jamais eu un moment plus pertinent pour discuter des attributs d'un dirigeant serviteur.

Le leadership serviteur englobe les leaders qui servent leurs employés et leur donnent les moyens d'être efficaces et efficients dans leur rôle tout en maintenant un sentiment positif de bien-être. Adam Grant a fait valoir que les leaders serviteurs sont non seulement plus estimés que les autres par leurs employés, mais qu'ils se sentent mieux dans leur peau au bout du compte et qu'ils sont aussi plus productifs. Ne s'agirait-il pas d'une relation plus favorable tant pour l'employeur que pour l'employé ?

(https://thisisremarkable.com/blog/19-traits-of-a-servant-leader-and-why-you-should-become-one/))

Vous êtes un leader serviteur lorsque vous vous concentrez sur les besoins des autres avant de considérer les vôtres. Il s'agit d'une approche à long terme du leadership, plutôt que d'une technique que vous pouvez adopter dans des situations particulières. Par conséquent, vous pouvez l'utiliser avec d'autres styles de leadership comme le leadership transformationnel.

Composantes du style de leadership au service des autres

Selon l'organisation Greenleaf,

Vous pouvez devenir un leader au service des autres en travaillant sur ces 10 qualités :

1.   L'écoute.

Le leadership au service des autres exige des leaders qui écoutent les autres, et pas seulement qu'ils soient bons en communication et en prise de décision. L'écoute consiste à se concentrer sur ce que l'équipe dit et à utiliser cette information pour guider le groupe vers ses objectifs.

Mais l'écoute doit aller au-delà de ce qui est dit dans la direction d'un serviteur. Un leader efficace devrait également identifier les choses qui ne sont pas dites, ainsi que les voix intérieures.

Pour développer cette caractéristique, un bon leader doit apprendre à être attentif. Cela peut être amélioré en comprenant mieux le langage corporel et en améliorant la capacité de donner et de recevoir du feedback.

2.   L'empathie.

Avec l'écoute vient la capacité d'empathie. Puisque l'objectif du leadership au service des autres est de servir les autres, vous devez être capable d'accepter et de reconnaître les valeurs et les sentiments individuels des gens. Même lorsqu'une personne est sous-performante au travail, un leader serviteur devrait être capable de l'aimer et de la comprendre comme un être humain.

Lorsque vous avez une conversation, vous devriez essayer de mettre vos propres points de vue de côté et d'écouter ouvertement ce que l'autre personne dit. Vous devez être curieux et en apprendre davantage sur les différentes façons de faire les choses. Au lieu de rejeter une idée ou une pensée, apprenez-en davantage à son sujet pour comprendre d'où vient la personne qui la suggère.

3.   La guérison.

Apprendre à guérir est une force puissante de transformation et d'intégration. L'une des grandes forces du service-leadership est le potentiel de guérison de soi-même et des autres. Dans "The Servant as Leader", Greenleaf écrit : "Il y a quelque chose de subtil communiqué à quelqu'un qui est servi et dirigé si, implicite dans l'accord entre le serviteur -leader et dirigé est la compréhension que la recherche de l'intégrité est quelque chose qu'ils ont".

En tant que leader, vous devriez faire des qualités de ressources ci-dessus une priorité, mais vous pouvez aussi aider les gens à atteindre l'intégrité en utilisant la bonne approche. Assurez-vous de ne pas vous concentrer uniquement sur les choses liées au travail dans vos conversations avec les gens, mais aussi d'apprendre à savoir comment la personne se porte.

Assurez-vous de lire les guides d'auto-développement et de donner des conseils sur ce que vous avez appris à votre équipe. Assurez-vous que vous allez bien mentalement et physiquement afin de garantir que vous avez la force d'aider les autres.

4.	La prise de conscience.

La conscience générale, et en particulier la conscience de soi, renforce le serviteur -leader. S'engager à favoriser la sensibilisation peut être effrayant - on ne sait jamais ce qu'on peut découvrir ! Comme l'a fait remarquer Greenleaf, "la prise de conscience n'est pas un réconfort - c'est tout le contraire. Il a perturbé. Ils ne cherchent pas de réconfort. Ils ont leur propre sécurité intérieure."

Le secret de la prise de conscience, c'est de regarder de plus près à l'intérieur de vous. Il est essentiel de connaître vos forces et vos faiblesses pour comprendre votre moi intérieur et comment il affecte les autres autour de vous.

Vous pouvez en apprendre davantage sur vous-même au moyen de tests de personnalité, tels que Myers-Briggs. Mais plus important encore, un bon leader cherche à obtenir des commentaires de l'équipe pour en apprendre davantage sur la façon dont ils sont perçus et comment leurs actions influencent les autres.

5.	La persuasion.

Les chefs-serviteurs se fient à la persuasion plutôt qu'à l'autorité positionnelle pour prendre des décisions. Serviteur - les dirigeants cherchent à convaincre les autres, plutôt que de forcer les autres à se conformer. Cet élément particulier offre l'une des distinctions les plus claires entre le modèle autoritaire traditionnel et celui du leadership au service des autres. Le servant-leader est efficace pour établir un consensus au sein des groupes.

Pour un leader serviteur, la persuasion est un outil

important et il y a plusieurs façons de la maîtriser. Vous pouvez améliorer votre langage corporel, votre communication et votre capacité à sentir quand est le bon moment pour parler et écouter.

Enfin, vous devriez vous efforcer d'être l'expert dans votre domaine, car cela peut garantir que l'équipe vous admire et se sent inspirée par vous. Montrez votre enthousiasme et votre expertise par vos actions et cela inspirera les autres.

6.   La conceptualisation.

Selon Greenleaf, les leaders serviteurs cherchent à cultiver leurs capacités à "rêver de grands rêves". La capacité d'examiner un problème (ou une organisation) d'un point de vue conceptuel signifie que l'on doit penser au-delà des réalités quotidiennes. Les leaders serviteurs doivent rechercher un équilibre délicat entre la conceptualisation et la concentration au jour le jour.

La façon la plus efficace d'améliorer votre capacité à conceptualiser est d'améliorer votre sens des affaires. Vous devez améliorer votre compréhension de l'industrie et de l'organisation en lisant des rapports, des livres et des blogues pertinents. Cela peut vous aider à voir où l'industrie et l'organisation se dirigent et à mieux vous préparer pour l'avenir.

7.   La prévoyance.

La prévoyance est une caractéristique qui permet aux serviteurs-leaders de comprendre les leçons du passé, les réalités du présent et les conséquences probables d'une décision dans l'avenir. Elle est profondément enracinée dans l'esprit intuitif.

Afin de mieux prédire l'avenir, vous devriez améliorer vos capacités d'analyse. Cela peut se faire en vous concentrant sur votre processus décisionnel et en assurant le suivi des décisions que vous avez prises, en bref, vous devez acquérir une compréhension plus approfondie des conséquences de vos décisions.

8.   La gérance.

Robert Greenleaf considérait toutes les institutions comme des institutions dans lesquelles les PDG, le personnel, les administrateurs et les fiduciaires jouent tous un rôle important dans le maintien de la confiance au sein de leurs institutions pour le plus grand bien de la société.

Vous devriez commencer par comprendre vos propres valeurs et la façon dont elles vous guident dans vos rôles de leadership. De plus, étudiez comment ces valeurs s'alignent avec les valeurs de l'organisation ou de l'équipe que vous dirigez. Rappelez-vous que vous ne devriez pas avoir peur de signaler les situations où les deux ne concordent pas.

9.   Engagement à l'égard de la croissance des personnes.

Les serviteurs-leaders croient que les gens ont une valeur intrinsèque au-delà de leurs contributions tangibles en tant que travailleurs. À ce titre, les dirigeants-serviteurs sont profondément engagés envers la croissance personnelle, professionnelle et spirituelle de chaque personne au sein de l'organisation.

Vous pouvez encore une fois donner l'exemple en tant que leader en investissant dans votre propre développement personnel et professionnel. Si vous cherchez constamment à grandir, vous motivez l'équipe qui vous entoure à faire de même.

De plus, vous devez également discuter de vos objectifs personnels et professionnels avec votre équipe. En comprenant ce qu'ils veulent développer, vous pouvez les aider à trouver les outils et les voies qui leur permettront d'atteindre ces objectifs.

10. Bâtir la communauté.

Les serviteurs au service des autres sont conscients que le passage des communautés locales aux grandes institutions en tant que principal artisan de la vie humaine a changé nos perceptions et a provoqué un sentiment de perte. Les serviteurs-leaders cherchent à identifier un moyen de bâtir la communauté parmi ceux qui travaillent au sein d'une institution donnée.

En tant que leader, vous voulez vous assurer que différentes personnes au sein de l'organisation interagissent les unes avec les autres. L'organisation d'événements sociaux et de rencontres est importante. Vous voulez encourager autant que possible la diversité et la circulation des opinions au sein de l'organisation.

Les serviteurs au service des autres sont susceptibles d'être suivis par des personnes plus engagées et d'avoir de meilleures relations avec les membres de l'équipe et les autres parties prenantes que les leaders qui ne font pas passer les intérêts des autres avant les leurs.

Que diriez-vous d'en faire des habitudes pour qu'elles fassent partie de votre routine quotidienne ?

Pour en savoir plus sur la façon d'acquérir des aptitudes de leadership, vous pouvez consulter les liens CFR ci-dessous :

https://www.cleverism.com/servant-leadership-guide/
https://www.starkstate.edu/public/system/uploads/fil es/Student-Life/Servant-LeadershipPowerPoint.pdf

================================= =====================

"Un leader est celui qui connaît le chemin, va le chemin, et montre le chemin."
John C. Maxwell

Êtes-vous une bonne chef de service, Linda ?
- Dans votre implication dans votre organisation sociale au travail lors de votre réunion d'équipe ?
- Prenez-vous l'initiative de commencer quelque chose pour faire un suivi ou attendez-vous simplement que

quelqu'un prenne l'initiative pour que vous tombiez ?

- Qu'est-ce qu'un leader ? Est t la définition telle que décrite dans la plateforme d'équipe de John Maxwell ?

- Si vous n'êtes pas un leader, êtes-vous au moins intéressé à voir un changement ?

Oui, tout le monde veut que les choses s'améliorent.

- Voulez-vous bien changer si vous avez lu et que vous êtes encore là maintenant, je suppose que vous voulez changer... ?

- Voulez-vous diriger le changement ?

Il faut quelqu'un pour diriger le changement.

Ce n'est pas comme cela que ça se passe et tu seras géniale si tu choisis de prendre l'initiative, ce qui est vraiment mon rêve.

Mon objectif, mon but, le désir, la chose que je voulais réaliser était l'écriture de ce livre et que vous en tant que femme, où que vous soyez à la maison, dans votre entreprise dans votre organisation, votre but non lucratif, ait décidé d'apporter le changement dans votre situation. Nous sommes si douées pour nous plaindre de l'état des choses. Se plaindre, c'est la façon dont les choses fonctionnent. Mais en fait, les choses sont comme ça qui t'attendent.

Oui, j'ai dit, je t'attendais. Que suggérez-vous pour prendre l'initiative et initier quelque chose ?

Oui, mais je ne suis pas Manager. Je ne parle pas de ça. Et depuis le début, je n'ai pas utilisé le mot gestion, manager ou patron parce que le leadership n'est pas associé à un titre.

En général, les gens essayaient de confondre le manager et le leader. Ce n'est pas la même chose. Et le leader est quelqu'un qui prend le changement, qui prend la parole et décide d'être le premier à apporter le changement seul. Il inspire les autres qui le suivent et un patron de manager est comme quelqu'un qui réussit à ne pas être un leader.

Il arrive que vous puissiez avoir un leader qui est aussi

un manager. Mais il y a aussi de nombreux cas où nous avons des leaders qui ne sont pas des gestionnaires pour qu'un changement se produise dans nos vies, dans notre organisation. Dans nos sociétés, nous avons besoin de plus de dirigeants.

Nous avons besoin de plus de femmes pour prendre l'initiative et apporter le changement.

Je suis donc convaincue que le leadership n'est pas attaché à un rôle. L'opposition ressemble plus à un état d'esprit.

Mais alors que vous assumez le rôle de leader pour apporter le changement, cela peut finalement donner les résultats d'une promotion à un poste de direction.

Maintenant, au cas où vous êtes déjà un leader, quel genre de leader êtes-vous ?

Il y a cinq niveaux de leadership et d'autres détails dans les livres de leadership à cinq niveaux de John Maxwell.

Alors, êtes-vous le genre de leader qui n'est qu'un leader qui a été nommé en raison d'un titre ? Êtes-vous le type de leader que les gens veulent suivre ?

Quel est votre degré d'influence ?

La bonne nouvelle, c'est que peu importe où vous êtes, même si vous êtes au niveau zéro un, vous pouvez apprendre. C'est un voyage. C'est un voyage. Donc vous devez juste vous décider, marcher sur vous et grandir vous-même. Et en cours de route, au fur et à mesure que vous changez, vous passez d'une étape à l'autre. Vous passerez du leader qui impose un point de vue à un leader qui est vraiment connecté à son peuple, qui les transforme en partenaires, qui les fait grandir et qui se tient derrière pour les voir grandir , leur apprendre comment diriger et guider les autres, leur laissant le contrôle si nécessaire...

Quel type de leader ? Y a-t-il différents types de leader ?

Mon encouragement pour vous, c'est qu'en tant que femme, avec tout ce qui se passe en ce moment, que vous prenez la résolution, que le changement que vous voulez changer et que vous êtes d'accord que le fromage qui vous a été confié et que vous prenez cette décision, vous serez un leader.

Maintenant, en tant que débutant, vous n'êtes peut-être pas encore au niveau cinq, mais vous marchez sur votre chemin pour atteindre le niveau de leadership cinq et voici mes 10 conseils d'actions pour vous aider à atteindre les cinq niveaux de leadership pour passer d'une étape à l'autre. Comme je l'ai dit, c'est un voyage qui n'est pas comme une course de vitesse, le plus important étant de le commencer et de continuer d'avancer .

Si vous êtes engagé et que vous continuez à prendre un jour à la fois le développement de ces compétences de leadership avant longtemps, vous verrez que vous allez devenir votre passe d'un non leader à un leader.

Veuillez-vous efforcer de tirer le meilleur parti de toutes les personnes que vous servez dans toute votre sphère d'engagement.

10 LES HABITUDES DES FEMMES LEADERS

"Les habitudes sont des choses drôles. Ce qui est drôle, ou plutôt tragique, c'est que les mauvaises habitudes sont si prévisibles et évitables. Malgré cela, il y a des millions de personnes qui insistent pour acquérir des habitudes qui sont mauvaises, coûteuses et qui créent des problèmes. L'habitude qu'ils n'allaient pas prendre, je les ai eus !"

Zig Zig Ziglar

Les leaders qui réussissent très bien comprennent que le succès, sous quelque forme que ce soit, n'est pas un événement, c'est un processus. Les leaders qui réussissent le mieux comprennent que le succès est quelque chose qui se cultive au fil du temps. Le succès est une corvée quotidienne, un engagement quotidien qui fonctionne autour de votre objectif de vie.

Pour vous démarquer en tant que leader à part entière, vous devez créer les habitudes qui soutiennent votre succès et votre bonne réputation. Une fois que ces habitudes font partie de votre routine quotidienne, vous vous préparez à devenir le grand leader de votre propre succès et à aider les autres à atteindre le leur.

L'American Journal of Psychology (1903) définit une " habitude, du point de vue de la psychologie, comme une façon plus ou moins fixe de penser, de vouloir ou de se sentir acquise par la répétition antérieure d'une expérience mentale "[4] Le comportement habituel passe souvent inaperçu chez les personnes qui le présentent, car une personne ne doit pas s'analyser par elle-même dans l'accomplissement des tâches de routine.

"La clé pour devenir un leader plus efficace n'est pas de cocher tous les éléments de votre liste de choses à faire chaque jour. C'est en prenant l'habitude de prioriser votre temps afin d'atteindre vos objectifs les plus importants d'une manière efficace."

Alors que j'en arrivais à ce point dans l'écriture du livre, j'avais l'intention de discuter des habitudes de leadership afin de partager quelques actions quotidiennes que le lecteur pourrait intégrer à sa routine quotidienne et les transformer en une routine qui la transformerait, elle et les gens autour de lui. Puis est venue l'idée d'aller encore plus loin et d'avoir des habitudes de réussite des femmes qui ont déjà atteint le sommet. Certaines des meilleures habitudes qu'ils recommandent et pratiquent encore aujourd'hui pour arriver au sommet et y rester.

Parmi les femmes leaders influentes on retrouve Oprah, Cheryl Sandberg, JK Rowling, Dolly Parton, Michele Obama, Maya Angelou, pour ne citer que quelques exemples, on trouve des habitudes qu'elles pratiquent quotidiennement :

1. Ils débutent la journée avec un bon état d'esprit.

Pour les joueurs de haut niveau, il est indispensable d'avoir un moment "moi" à la première heure le matin. "Sous la douche, je définis toujours mes intentions pour la journée ", dit Meg Driscoll. En un peu plus de deux ans, Driscoll a fait de sa propre agence de relations publiques et de communication, EvolveMKD, une force majeure dans le domaine, après quoi elle a remporté le titre d'entrepreneure féminine de l'année aux Stevie Awards for Women in Business.

2. Ils tissent des liens avec leurs collègues.

Il est essentiel de donner et de recevoir la confiance des personnes qui pourraient jouer un rôle déterminant dans votre succès.

3. Ils font le premier pas.

Les femmes qui réussissent n'attendent pas l'occasion, elles la créent.

"Une fois que tu auras brisé ta virginité, faire le premier pas et que tu verras que ça marche, tu seras capable de le refaire."

4. Ils planifient à l'avance et même pour le pire.

Quelqu'un a dit que si vous ne planifiez pas, c'est que vous avez l'intention d'échouer. Les femmes dirigeantes qui réussissent ne permettent pas que l'échec soit dû à un manque de planification. Elles planifient leur journée à l'avance et même la visualisent, en tenant compte de l'hypothèse la plus pessimiste, de sorte qu'ils ne réagissent pas pendant la journée, car il y avait un scénario prévu pour l'hypothèse la plus pessimiste. La préparation facilite le pivotement lorsque les choses tournent mal.

5. Ils s'organisent.

Le fait de garder toutes vos tâches et vos objectifs par écrit et de rester concentré vous aide à rester responsable et organisé ". Le conseil est : "Vous avez besoin d'une grande liste de vision qui se rattache à une liste mensuelle, une liste hebdomadaire et une liste quotidienne."

6. Ils développent des relations solides et de confiance

Il est difficile de maintenir ses relations lorsque l'on trace sa propre voie, mais il est important d'avoir un solide système de soutien. Femme Leader : Développe constamment des relations avec des personnes influentes et des leaders d'opinion à l'intérieur et à l'extérieur de votre organisation ; partage, soutien, écoute, apprentissage et contribution également.

7. Ils se concentrent sur la vision.

Les femmes dirigeantes identifient où elles veulent être à l'avenir, allez chercher ce que vous voulez même si vous croyez que vous n'êtes pas tout à fait prête. Ils ne permettent à rien ni à personne de les empêcher de réaliser leur rêve, mais ils s'appuient plutôt sur ce qu'ils ont, sur ce qu'ils sont et sur les gens auxquels elles sont liés, pour réaliser leur vision.

8. Confiance

Les femmes leaders connaissent leur valeur, elles sont conscientes, très conscientes de qui elles sont, de leur valeur, de leurs forces et de leurs talents. Ils s'en inspirent avec confiance pour aller de l'avant et gravir les échelons. Elles ont la conviction que vous réussirez et savent que les autres le croient aussi, sans la pression de tout rendre 100%+ parfait pour le prouver à maintes reprises.

9. Ils sortent de leur zone de confort.

La volonté de prendre des risques est l'une des plus grandes qualités qui distinguent les PDG des autres dirigeants, il est donc important de rester à l'écoute. Les femmes dirigeantes accueillent avec empressement les nouvelles idées, les nouveaux défis, les nouvelles tendances, les nouvelles possibilités et et elles changent ou enfreignent les règles au besoin pour exploiter une nouvelle possibilité qu'elles ont identifiée, même lorsqu'il existe un risque d'échec. Ils n'ont pas peur d'échouer parce qu'ils ont appris à échouer, à apprendre de chaque échec qu'ils ont connu pour améliorer l'avenir.

10. Ils utilisent l'intelligence émotionnelle

Les femmes qui réussissent et qui dirigent surveillent leurs émotions et celles des gens qui les entourent. Elles intègrent ces émotions avec intelligence et empathie pour gérer, diriger et collaborer efficacement avec leur équipe, leurs pairs et les dirigeants de l'organisation.

En tant qu'entraîneur de John Maxwell, j'ai la possibilité d'avoir accès à lui par le biais d'appels mensuels où, en tant qu'entraîneur, nous pouvons aussi lui poser des questions.

Au cours de l'une d'entre elles, quelqu'un a posé la question " que recommanderait-il à qui que ce soit pour assurer le succès de la journée ? John nous a répondu en nous faisant part de ce à quoi ressemblait sa journée.

"Le secret de votre succès se trouve dans votre agenda quotidien."

La première étape pour déterminer votre routine quotidienne consiste à déterminer ce qui compte vraiment pour vous. Vous ne pouvez pas établir de priorités si vous ne connaissez pas vos priorités.

Si vous n'êtes pas certain de vos principes, vous pouvez regarder mes engagements ci-dessous et les utiliser comme point de départ.

1. Attitude : J'afficherai le bon point de vue tous les jours.

2. Priorité : J'agirai sur les choses les plus importantes pour moi tous les jours.

3. Santé : Je suivrai quotidiennement des directives en matière de santé.

4. Famille : Je communiquerai avec mes proches et m'occuperai d'eux tous les jours.

5. Penser : Je pratiquerai les bonnes pensées tous les jours.

6. Engagement : Je ferai et tiendrai mes promesses chaque jour.

7. Finances : Je vais bien gérer l'argent tous les jours.

8. La foi : J'approfondirai et vivrai ma foi chaque jour.

9. Les relations : J'initierai et j'investirai quotidiennement dans des relations solides.

10. Générosité : Je serai un modèle de gentillesse tous les jours.

11. Valeurs : J'adopterai de bonnes normes tous les jours.

12. Croissance : Je chercherai des améliorations tous les jours.

Avec cela en toile de fond, je vais vous expliquer ma journée typique et vous apprendre comment rendre la vôtre aussi efficace que possible.

Se Préparer la veille au soir.

Pour que ça marche, il faut que ma journée commence la veille au soir. Avant de m'endormir, je fais deux choses. D'abord, je réfléchis à la journée qui se termine. Vous ne tirerez jamais le meilleur parti de la journée qui s'annonce tant que vous n'aurez pas évalué la journée qui s'est écoulée. Qui ai-je aidé ? Qu'est-ce que j'ai appris ? Ai-je fait de mon mieux ?

Deuxièmement, je regarde le lendemain pour voir ce que je dois accomplir. Je sais que je ne peux pas être au sommet de ma forme à chaque minute de la journée. Je regarde donc mon emploi du temps et ma liste de choses à faire et je décide quel sera l'événement principal. Alors je m'assure que je peux tout donner à ce qui est le plus important.

N'essayez pas d'établir des priorités pour toute votre vie. Il suffit d'établir les priorités de la journée. Si vous pouvez trouver la meilleure façon de passer quatre, huit ou douze heures, vous pouvez réussir.

Poser la bonne question le matin.

Parce que je me réveille en sachant comment je vais passer ma journée, je suis capable de me mettre au travail. Il ne me reste donc qu'une question à considérer chaque matin. Comment puis-je ajouter de la valeur aux gens aujourd'hui ?

Le fait de poser cette question me met dans le bon état d'esprit lorsque j'aborde mes responsabilités. Je veux faire une différence. Si je cherche des moyens d'ajouter de la valeur à ceux que je rencontre, je serai probablement satisfait de la façon dont j'utilise ma journée.

Donner le meilleur de vous-même.

Une partie de ma journée est toujours la même. Je me prépare la nuit. J'ai un bon état d'esprit demain matin. J'essaie de prendre le temps de faire de l'exercice l'après-midi quand je suis à la maison ou tôt le matin quand je suis sur la route. Et je fais des choses pour m'aider à m'épanouir personnellement (j'en reparlerai sous peu).

Le reste de la journée varie. Parfois, je m'adresse à un public en direct. D'autres fois, je participe à des réunions avec les dirigeants de mes équipes, ou j'écris, ou je vais enregistrer ou réfléchir à de futurs projets.

Quelle que soit la journée, j'essaie de donner le meilleur de moi-même. Le succès dans la vie et le leadership consiste à être bon dans le moment présent. Si vous pouvez être totalement présent physiquement, émotionnellement, mentalement et spirituellement, vous devenez un "100 pour cent", et ce sont ces personnes qui s'élèvent au sommet et font une différence.

Le meilleur "100 pour cent" que j'ai jamais rencontré était Bill Clinton. J'ai eu l'occasion de le rencontrer à la Maison-Blanche pendant son deuxième mandat. Pendant le peu de temps que nous avons passé ensemble, il s'est concentré entièrement sur notre conversation et m'a fait sentir importante.

Apprendre

Si vous faites tout ce que j'ai énuméré, vous serez en mesure d'ajouter de la valeur aux gens et d'avoir une journée réussie. Mais comment pouvez-vous soutenir cela à long terme ? En vous ajoutant de la valeur chaque jour.

Je grandis en pratiquant ce que j'appelle la "Règle des Cinq" - cinq choses que je fais chaque jour :

1. Lire. Je nourris constamment mon esprit. J'essaie de lire un ou deux livres chaque semaine. J'en ai écrémé quelques-uns. D'autres, je les assimile entièrement. J'écoute aussi des podcasts et d'autres messages audio, dont j'ai transcrit le meilleur.

2. Dossier. Il ne suffit pas de lire. Pour la plupart des gens, le plus grand gaspilleur de temps est la recherche d'objets perdus. Chaque fois que je trouve une bonne citation ou une bonne idée, je la dépose. De cette façon, je peux le récupérer en quelques secondes ou minutes.

3. Écrire. J'aide les autres principalement par des livres et des discours. Cela signifie que j'ai besoin d'écrire

continuellement. Regardez dans mon porte-documents ou sur mon bureau et vous trouverez des fichiers de matériel avec lequel je travaille pour créer de nouvelles leçons et idées.

4. Réfléchir. Peut-être que la chose la plus précieuse que je fais tous les jours, c'est d'arrêter de faire et de réfléchir. J'évalue les expériences, je pèse les opportunités, je réfléchis à la manière d'aider mon équipe et je demande conseil à Dieu.

5. Questionner. Les bonnes questions ouvrent des portes et révèlent des opportunités. J'en suis tellement convaincu que j'ai écrit un livre intitulé Good Leaders Ask Great Questions.

Renouvelez votre préparation

Quand j'arrive à la fin de la journée, je répète le processus. Je planifie l'avenir et je réfléchis à aujourd'hui. Si j'ai ajouté de la valeur aux autres, j'ai fait quelque chose pour faire de ma famille, de ma communauté et de mon pays un meilleur endroit où vivre. Mission accomplie !

Il y a d'autres habitudes importantes comme la communication efficace, la présence de leadership et bien plus encore. Cependant, je suis confiant qu'au fur et à mesure que vous commencez à développer vos propres habitudes, vous vous dirigez sûrement vers le sommet et que vous continuez, il n'y a pas d'autre option pour vous que d'aller vers le sommet.

La seule possibilité pour vous de ne pas atteindre le sommet est d'arrêter de vous développer et de pratiquer ces habitudes quotidiennes, le concept de servant-leader et tous les autres concepts présentés dans le livre.

Dans le chapitre suivant, nous verrons comment des femmes simples, des femmes très humbles au début, ont réussi à se frayer un chemin vers le sommet.

"L'ouverture du leader ouvre la voie à l'appropriation par le peuple. Sans propriété, les changements seront de courte durée. Changer les habitudes et les façons de penser des gens, c'est comme écrire des instructions dans la neige pendant une tempête de neige. Toutes les vingt minutes, les instructions doivent être réécrites, à moins que la propriété ne soit donnée avec les instructions."

John Maxwell.

JUDITH GLORY

11 CES FEMMES L'ONT FAIT AVEC BRIO...

"L'influence mondiale d'Oprah Winfrey est inégalée. Non seulement sa générosité et sa ferme conviction que l'éducation est la clé d'une vie meilleure ont profité à d'innombrables femmes et enfants dans le monde entier, mais son exemple a aussi inspiré des millions de personnes à redonner à leur tour, grandes et petites."
Eli Broad

"Comme les médias sociaux sont moins axés sur la technologie que sur l'établissement de relations, nous commençons à voir un plus grand nombre de femmes exercer une forte influence, sinon un rôle dominant, dans l'espace des médias sociaux. Il n'est pas étonnant que Facebook soit dirigé en partie par Sheryl Sandberg, chef de l'exploitation."
Erik Qualman

"La féminité fait partie de la divinité donnée par Dieu en chacun de vous. C'est votre pouvoir et votre influence incomparables que de faire le bien. Vous pouvez, par vos dons célestes, bénir la vie des enfants, des femmes et des hommes. Sois fière de ta féminité. Améliorez-le. Utilisez-le pour servir les autres."

James E. Faust

Tout au long du livre, nous avons parlé des principes qui vous permettront d'atteindre le sommet. Dans les lignes qui suivent, vous rencontrerez des femmes qui ont réellement pris les mesures qui leur permettraient de passer de leur situation initiale au sommet. Comme vous le remarquerez en lisant la vie de ces femmes, ce n'était pas un chemin facile. Pour certaines dames, les chances étaient toutes contre elles, mais elles ont quand même continué à faire un grand usage de persistance, de détermination, de courage et de foi. Par conséquent, leur histoire est passée de femmes anonymes à des exemples, de modèles de rôle à de nombreuses personnes, d'inconnu à référence à de nombreuses personnes. Il est intéressant de remarquer comment leur volonté d'atteindre leur but a également provoqué des changements dans leur monde, comment elles ont eu un impact sur tant de personnes, ont apporté des changements remarquables et sont jusqu'à aujourd'hui une source d'inspiration.

Pendant que vous parcourez les histoires de ces femmes, je veux que vous remarquiez ce qui soulève en vous, quelles actions, quels rêves, quels défis, quels changements ou quels impacts leur histoire vous motive à prendre et dans le dernier chapitre du livre, nous discuterons plus en détail comment rejoindre le mouvement et être vous-même une femme d'influence qui a dit OUI à son appel et objectif et s'est engagée à se développer, pour prendre un pas après l'autre et atteindre ce rêve dans son cœur et dans le processus, transformer la vie de sa tribu, le peuple que son existence attire.

Les femmes que j'ai choisies de partager comme exemple sont Katherine Johnson, Marie Curie et Bonnie St-John.

Katherine Johnson

Jusqu'à il y a quelques années, je ne savais pas qui était

Katherine Johnson. Comme vous le verrez après avoir lu l'histoire, c'est une femme importante dont la vie et la détermination à atteindre le sommet a provoqué des changements dans la situation des femmes noires, ainsi que des femmes dans les domaines scientifiques.

Katherine Coleman Goble Johnson (née le 26 août 1918) est une mathématicienne afro-américaine dont les calculs de mécanique orbitale en tant qu'employée de la NASA ont été essentiels au succès des premiers vols spatiaux habités américains et des suivants. Johnson est née Katherine Coleman en 1918 à White Sulphur Springs, dans le comté de Greenbrier, en Virginie occidentale, fille de Joylette et Joshua Coleman, la plus jeune des quatre enfants. Sa mère était enseignante et son père était bûcheron, fermier et homme à tout faire.

Johnson a montré un talent pour les mathématiques dès son plus jeune âge. Comme le comté de Greenbrier n'offrait pas d'école publique aux élèves afro-américains ayant dépassé la huitième année, les Coleman ont pris des dispositions pour que leurs enfants fréquentent l'école secondaire de l'Institut, en Virginie occidentale. Cette école était située sur le campus du West Virginia State College (WVSC, aujourd'hui West Virginia State University). Johnson a été admise alors qu'elle n'avait que 10 ans. La famille partageait son temps entre l'Institut pendant l'année scolaire et White Sulphur Springs en été. Johnson a obtenu son diplôme d'études secondaires à l'âge de 14 ans et est entrée dans l'État de Virginie-Occidentale, un collège historiquement noir. En tant qu'étudiante, elle a suivi tous les cours de mathématiques offerts par ce collège. Plusieurs professeurs l'ont encadrée. Johnson a décidé d'une carrière comme mathématicien de recherche, bien que ce fût un domaine difficile pour les Afro-Américains et les femmes à entrer. Les premiers emplois qu'elle a trouvés étaient dans l'enseignement. Lors d'une réunion de famille en 1952, un parent a mentionné que le National Advisory Committee for Aeronautics (NACA) embauchait des mathématiciens.

Johnson a été offert un emploi en 1953. Elle a accepté et a fait partie de l'équipe de la NASA.

Selon une histoire orale archivée par le National Visionary Leadership Project:

Au début, elle [Johnson] travaillait dans un groupe de femmes effectuant des calculs mathématiques. Katherine a qualifié les femmes dans la piscine "d'ordinateurs virtuels qui portaient des jupes ". Leur travail principal était de lire les données des boîtes noires des avions et d'effectuer d'autres tâches mathématiques précises. Puis un jour, Katherine (et une collègue) a été affectée temporairement pour aider l'équipe de recherche en vol entièrement masculine. La connaissance de Katherine de la géométrie analytique a aidé à faire des alliés rapides des patrons et collègues masculins dans la mesure où, "ils ont oublié de me renvoyer à la piscine". Bien que les barrières raciales et sexospécifiques aient toujours existé, Katherine dit qu'elle les a ignorées. Katherine s'est affirmée et a demandé à participer à des réunions de rédaction (où aucune femme n'était allée auparavant). Elle a simplement dit aux gens qu'elle avait fait le travail et qu'elle était à sa place.

De 1958 jusqu'à sa retraite en 1986, Mme Johnson a travaillé comme technologue en aérospatiale, puis elle a travaillé à la Direction des contrôles des engins spatiaux. Elle a calculé la trajectoire du vol spatial du 5 mai 1961 d'Alan Shepard, le premier Américain dans l'espace, ainsi que la fenêtre de lancement de sa mission Mercury en 1961. Quand la NASA a utilisé pour la première fois des ordinateurs électroniques pour calculer l'orbite de John Glenn autour de la Terre, les responsables ont fait appel à Johnson pour vérifier les chiffres de l'ordinateur. Glenn l'avait spécifiquement demandée et avait refusé de voler à moins que Johnson n'ai vérifié les calculs.

Johnson a plus tard travaillé directement avec des ordinateurs numériques. Sa compétence et sa réputation en matière de précision ont contribué à établir la confiance dans cette nouvelle technologie. En 1961, ses travaux ont contribué à faire en sorte que la capsule de mercure Freedom 7 d'Alan Shepard soit retrouvée rapidement après l'atterrissage, en utilisant la trajectoire précise qui avait été établie.

Elle a également aidé à calculer la trajectoire du vol Apollo 11 vers la Lune en 1969. En 1970, Johnson a travaillé sur la mission lunaire Apollo 13. Lorsque la mission a été interrompue, ses travaux sur les procédures de secours et les cartes ont aidé à établir un chemin sûr pour le retour de l'équipage sur Terre, créant un système d'observation à une étoile qui permettrait aux astronautes de déterminer leur position avec précision. Lors d'une interview en 2010, Johnson se souvient : " Tout le monde s'inquiétait de ce qu'ils y parviennent. Nous nous inquiétions de leur retour." Plus tard dans sa carrière, Mme Johnson a travaillé au programme de la navette spatiale, le satellite Earth Resources Satellite, et à la planification d'une mission vers Mars.

Au cours de ses 35 ans de carrière à la NASA et à son prédécesseur, elle a acquis la réputation de maîtriser des calculs manuels complexes et a aidé l'agence spatiale à faire œuvre de pionnière dans l'utilisation des ordinateurs pour effectuer les tâches. Son travail comprenait le calcul des trajectoires, des fenêtres de lancement et des trajectoires de retour d'urgence pour les vols spatiaux du projet Mercure, y compris ceux des astronautes Alan Shepard, le premier Américain dans l'espace, et John Glenn, le premier Américain en orbite, et des trajectoires de rendez-vous pour le module Apollo d'atterrissage lunaire et de commandement sur la Lune. Ses calculs étaient également essentiels au début du projet de la navette spatiale, et elle préparait une mission à destination de Mars. En 2015, le président Barack Obama a décerné à Johnson la Médaille présidentielle de la liberté.

Marie Curie

Encore une autre femme dans les sciences....j'admets mais je suppose mon choix. Peut-être parce que je suis pour beaucoup plus de femmes dans les domaines scientifiques, beaucoup plus de femmes dans des domaines généralement considérés comme juste pour moi. C'est peut-être la raison. Moi-même, en tant que femme en technologie, je sais que parfois on vous oublie parce que vous êtes une femme qui fait des choses qui sont généralement considérées "pour les hommes". Je me souviens du premier jour, un client a ouvert un ordinateur à l'aide d'un tournevis pour le réparer, comment les yeux de mon client ont roulé grand ouvert parce qu'il ne pensait pas que je pourrais le faire....Mais à partir de ce jour il a arrêté de me considérer comme l'assistant des autres ingénieurs dans notre entreprise mais à partir de ce jour, il me considérait comme un spécialiste technique tout seul...J'en avais marre, mais je voulais le faire comprendre à tous. Jeune fille, vous êtes aussi talentueuse et intelligente que n'importe quel autre garçon.

Vous seul pouvez-vous limiter et rester à l'écart de toute carrière qui vous intéresse. Si vous osez le faire, et c'est ce que j'espère et souhaite ardemment en écrivant ce livre, vous verrez par vous-même que vous y parviendrez et obtiendrez un succès exceptionnel.

Passons maintenant à une autre, Marie Curie, qui a fait des merveilles en sciences.

Maria Skłodowska est née à Varsovie, au Congrès de Pologne dans l'Empire russe, le 7 novembre 1867, cinquième et plus jeune enfant d'enseignants connus Bronisława. Du côté paternel comme du côté maternel, la famille avait perdu ses biens et sa fortune. Cela a condamné la génération suivante, y compris Maria et ses frères et sœurs aînés, à une lutte difficile pour avancer dans la vie.

Incapables de s'inscrire dans un établissement d'enseignement supérieur ordinaire parce qu'elle était une femme, elle et sa sœur Bronisława se sont engagées avec l'Université volante clandestine (parfois traduite par Université flottante), un établissement patriotique polonais d'enseignement supérieur qui accueille des étudiantes.

Maria a passé un accord avec sa sœur, Bronisława, pour qu'elle lui apporte une aide financière pendant ses études de médecine à Paris, en échange d'une aide similaire deux ans plus tard. Dans ce contexte, Maria a pris un poste de gouvernante. D'abord comme professeur particulier à Varsovie, puis pendant deux ans comme gouvernante.

Alors qu'elle travaillait pour une famille, elle est tombée amoureuse de leur fils, Kazimierz Żorawski, un futur mathématicien éminent. Ses parents ont rejeté l'idée de son mariage avec le parent sans le sou, et Kazimierz n'a pu s'y opposer. La perte par Maria de la relation avec Żorawski était tragique pour eux.

Fin 1891, elle quitte la Pologne pour la France. À Paris, Maria (ou Marie, comme on l'appellera en France) s'est brièvement réfugiée chez sa sœur et son beau-frère avant de louer une mansarde à l'université, dans le quartier latin, et de poursuivre ses études de physique, de chimie et de mathématiques à l'Université de Paris, où elle s'est inscrite fin 1891. Elle subsistait avec ses maigres ressources, souffrant des hivers rigoureux et parfois des pertes de nourriture.

Skłodowska étudiait pendant la journée et suivait des cours particuliers le soir, gagnant à peine sa vie. En 1893, elle obtient un diplôme en physique et commence à travailler dans un laboratoire industriel du professeur Gabriel Lippmann. Pendant ce temps, elle poursuivit ses études à l'Université de Paris, et avec l'aide d'une bourse, elle a pu obtenir un deuxième diplôme en 1894.

Elle va rencontrer Pierre Curie et leur passion commune pour la science les a rapprochés de plus en plus et elles ont commencé à développer des sentiments les unes pour les autres. Finalement, Pierre Curie a demandé le mariage en mariage.

Entre 1898 et 1902, les Curies ont publié, conjointement ou séparément, un total de 32 articles scientifiques, dont un qui annonçait que, lorsqu'elles étaient exposées au radium, les cellules malades et tumorales étaient détruites plus rapidement que les cellules saines.

En 1900, Curie est devenu la première femme membre du corps enseignant de l'École Normale Supérieure, et son mari a rejoint la faculté de l'Université de Paris

Pendant la Première Guerre mondiale, Curie a reconnu que les soldats blessés étaient mieux servis s'ils étaient opérés le plus tôt possible. Après avoir rapidement étudié la radiologie, l'anatomie et la mécanique automobile, elle s'est procuré des appareils à rayons X, des véhicules, des génératrices auxiliaires et a mis au point des appareils de radiographie mobiles, qui ont pris le nom populaire de petites Curies, et elle est devenue directrice du Service de radiologie de la Croix-Rouge et a créé le premier centre radiologique militaire français, opérationnel à la fin 1914.

En 1915, Curie produisit des aiguilles creuses contenant "l'émanation de radium", un gaz radioactif incolore émis par le radium, plus tard identifié comme radon, qui devait être utilisé pour stériliser les tissus contaminés. Elle a fourni le radium à partir de sa propre réserve d'un gramme. On estime que plus d'un million de soldats blessés ont été traités avec ses unités de radiographie.

Source Wikipédia.

Bonnie St John
L'exemple de Bonnie m'a obligé à insister sur l'importance de la persévérance, de la détermination et du courage, si vous préférez.

St John (née le 7 novembre 1964) est la première Afro-américaine à remporter des médailles aux Jeux paralympiques d'hiver en tant que skieuse de compétition. Sa mère, Ruby Cremaschi-Schwimmer, était directrice à la Lincoln High School (San Diego). Son père, Lee St. John, est parti avant sa naissance. St. John est né à Detroit mais a grandi à San Diego.

St John a remporté une médaille d'argent et deux de

bronze aux Jeux paralympiques d'hiver de 1984 à Innsbruck, en Autriche.

Elle a remporté une médaille de bronze au slalom, une médaille de bronze au slalom géant et une médaille d'argent pour sa performance globale, ce qui lui a valu d'être la deuxième femme la plus rapide au monde sur une jambe cette année-là.

En reconnaissance de cette réalisation historique, Bonnie a été citée sur des millions de tasses à café Starbucks et a été honorée avec son portrait dans le Main Hall du Trinity College à Oxford en tant qu'ancienne élève distinguée.

Aux Jeux paralympiques d'hiver de 2002 à Salt Lake City, Utah, St. John a été invité à prendre la parole lors de la cérémonie d'ouverture.

En raison d'une affection appelée trouble focal pré-fémoral, la jambe droite de St. John a été amputée sous le genou à l'âge de 5 ans. Malgré ces défis, elle a excellé en tant qu'athlète, érudite, mère et femme d'affaires.

Bonnie a atteint les plus hauts niveaux de succès dans une variété d'entreprises tout au long de sa vie. En plus de ses succès en tant qu'athlète paralympique, elle est une auteure à succès, une conférencière d'honneur très recherchée et une consultante en leadership pour le Fortune 500, une personnalité de la télévision et de la radio, et une animatrice expérimentée de conférences. Elle est diplômée de l'Université Harvard avec mention très bien et a remporté la bourse Rhodes. À son retour aux États-Unis, Bonnie a été nommée par le président Clinton au poste de directrice des questions de capital humain au Conseil économique national de la Maison-Blanche.

Aujourd'hui, Bonnie voyage à travers le monde pour donner des conférences, animer des séminaires et faire des recherches sur ses divers projets d'écriture. Elle fait souvent des apparitions personnelles dans des écoles, des refuges pour sans-abri, des groupes communautaires et d'autres organismes dans des centaines d'endroits tout en voyageant pour des entreprises clientes. En tant que PDG du Blue Circle Leadership Institute, Bonnie dirige plusieurs programmes internationaux de leadership virtuel, dont Transformational Leadership - conçu pour relever les défis uniques des femmes multiculturelles en milieu de travail. La célèbre auteure de sept livres, Bonnie est co-auteure de son dernier ouvrage, MICRO-RESILIENCE : Minor Shifts for Major Boosts in Focus, Drive, & Energy, avec son mari, ancien PDG de l'industrie du divertissement, Allen Haines.

Bonnie aime aussi "redonner en retour". Elle fait souvent des apparitions personnelles dans des écoles, des refuges pour sans-abri, des groupes communautaires et d'autres organismes dans des centaines d'endroits tout en voyageant pour des clients d'affaires. Bonnie a de nouveau représenté les États-Unis en tant que membre de la délégation officielle du président Obama aux Jeux paralympiques d'hiver de 2010 à Vancouver et aux Jeux paralympiques d'été de 2106 à Rio de Janeiro.

Tiré du site Web de Bonnie St John (http://bonniestjohn.com/docs/about)

Son dernier livre est Micro-Resilience, écrit par Bonnie et son mari Allen Haines où ils explorent comment vous pouvez apprendre à rebondir après des revers et créer une vie de pouvoir et de sens.

Bonnie St. John a été honorée à la Maison-Blanche par le président George W. Bush en février 2007 : "Bonnie St. John est le genre de personne que vous voulez vraiment côtoyer, et le genre de personne qui montre que le courage individuel compte dans la vie."

Elle a été mise en vedette sur une coupe nationale de boissons Starbucks avec la citation "J'étais en tête dans le slalom. Mais dans la deuxième manche, tout le monde est tombé dans un endroit dangereux. J'ai été battue par une femme qui se levait plus vite que moi. J'ai appris que les gens tombent, les gagnants se lèvent et les médaillés d'or se relèvent plus rapidement.

Oprah, Marie Curie, Bonnie St. John sont des femmes comme vous et moi. Certaines sont même issue de famille plus modeste que la tienne. Et pourtant elles ont laissées leurs traces et leur influence sur leur famille, leur communauté, ce monde.

Il est certain que même plusieurs années apres leur départ, a l'exemple de Mere theresa, on parlera encore de ces femmes.Sohaites-tu avoir et laissr une influence positive ou tu te trouves ?Voila quelques personnes dont la vie peut tinsprirer et dont l'exemple tu peux suivre.

Commences des aujourd'hui et fais la différence des maintenant là ou tu te trouves.

12 A TON TOUR MAINTENANT

Félicitations pour avoir lu le livre jusqu'à ce chapitre. Cela démontre que vous êtes sérieux au sujet de votre désir de devenir une femme d'influence. En parcourant les pages du livre, vous avez appris ce qu'est une femme d'influence.

Vous avez compris l'impact considérable que vous pouvez avoir sur votre vie, celle de votre famille et celle de votre communauté si vous choisissez d'être une femme d'influence.

Pour devenir cette femme d'influence, vous avez entendu dire que ce ne sont pas vos parents, votre employeur, votre pasteur ou tout autre facteur externe qui font de vous une femme d'impact. Vous avez vu que si vous voulez devenir une femme qui laisse un impact dans son monde, vous seul êtes responsable de le faire.

Lorsque vous vous êtes décidé à être cette femme, vous devez initier le changement de l'intérieur, en commençant par votre réflexion, car votre vie est façonnée par vos pensées. Vous avez appris comment votre esprit subconscient, votre esprit intérieur, détermine votre vie en influençant vos actions, qui à leur tour déterminent vos actions.

Vous avez découvert que pour atteindre le sommet, vous deviez vous développer et vous développer, car la croissance n'est pas automatique, et que les gens recherchent, souhaitent recruter et paient par excellence, les meilleurs experts. En conséquence, si vous voulez atteindre le sommet, vous devez planifier et évaluer votre croissance, en visant devenir un neuf ou un dix sur dix dans votre domaine, tout simplement viser devenir la référence .

Grandir pour devenir un expert ferait de vous une référence et vous placerait au sommet, et vous auriez du succès. Cependant, le succès est quelque chose de merveilleux mais juste pour nous; ce n'est pas suffisant si nous voulons avoir une vie d'impact, une vie d'influence positive sur les autres. Un amour sincère, des soins et des investissements dans la vie des autres sont la clé de l'influence car il n'y a pas d'influence si vous n'avez personne qui vous fait confiance et qui vous suive. On vous a également dit que le secret de l'influence réside dans l'investissement dans les gens, dans l'investissement de notre temps et de notre argent. Ouvrir nos cœurs, nos maisons, notre vie et nous connecter avec la vie des autres avec une perspective de les faire grandir, de les aider à connaître, à grandir et à développer leurs forces. Vous avez vu comment un tel investissement dans les gens les amène à vous faire confiance, à vous suivre, à obtenir des résultats également grâce à ce que vous avez fait pour eux et à vous célébrer. Leur célébration vous pousse à un niveau d'influence plus élevé, vous permettant d'atteindre et d'influencer encore plus de personnes.

Au cours du processus, des feuilles de calcul et des outils ont été partagés pour vous aider à devenir un catalyseur de changement. Ceux-ci inclus:

Les feuilles de travail pour rappeler à votre esprit que vous êtes une personne formidable, qualifiée et exceptionnelle.

Des outils pour vous aider à prendre conscience de vous et des personnes sur lesquelles vous souhaitez avoir un impact (outils de profil DISC et d'évaluation des points forts).

Pour recevoir des vidéos, outils et fiches pratiques pour vous aider dans votre leadership personnel, si vous souhaitez télécharger et imprimer ces fiches pratiques pour votre usage personnel ou pour les partager avec des personnes qui pourraient en avoir besoin, avec une vidéo bonus gratuite montrant comment les utiliser, accédez à: judithglory.com/books

On vous a également donné des exemples de femmes qui ont eu un début semblable ou pire que le vôtre, mais qui continuent à avoir un impact sur la vie de millions de personnes grâce à leurs histoires.

C'est maintenant à votre tour de suivre l'exemple de ces femmes et de choisir d'être une femme qui a peut-être un passé modeste, mais qui choisit, par ses habitudes et ses choix quotidiens, de s'aimer, de se connaître et de grandir et Dans quelques années, les petits-enfants des personnes dans lesquelles vous avez délibérément investi, qui se sont reconnus dans vos valeurs et ce que vous décrivez, portent et partagent votre message en étant eux-mêmes des leaders du changement, là où ils vivront.

Si vous aimez le message et souhaitez obtenir de l'aide pour commencer votre parcours, si vous souhaitez développer votre conscience de soi en utilisant les outils décrits dans le livre, si vous souhaitez obtenir de l'aide pour l'encadrement, la formation de dirigeants et de membres de votre équipe —Attention personnelle (profil DISC, évaluation des forces et du génie) — Communication efficace —Des solutions pour renforcer l'esprit d'équipe, n'hésitez pas à nous contacter à l'adresse suivante:

http://judithglory.com/contact-us/
https://www.johncmaxwellgroup.com/judithmodjoc/
https://www.facebook.com/judith.modjoc
https://twitter.com/JudithGlory

UNE FEMME D'INFLUENCE

A PROPOS DE L'AUTEUR

Judith Glory M., est une diplômée MBA de l'ESSEC.

C' est un entrepreneur, une formatrice et coach en leadership qui aime aider les femmes, dans leur carrière et leur vie professionnelle à devenir leur meilleure version possible – Fait ressortir toute la gloire en toi ! - Comme elle aime le dire régulièrement dans les ateliers et séminaires qu'elle anime.

Parfaitement bilingue, Judith Glory aime écrire et bien qu'ayant une formation scientifique et une expérience variée dans les nouvelles technologies, elle est l'auteure de plusieurs ouvrages en anglais et en français.

Dans son écriture, son engagement pour le renforcement des capacités des femmes, via la prise en charge de leur leadership et leur développement personne, ressort comme une vocation personnelle qu'elle embrasse avec grande consécration.

Elle partage son enthousiasme pour donner aux femmes l'information, les outils et la formation nécessaires pour que rien ne puisse les empêcher d'utiliser tout leur potentiel.

La responsabilisation, le leadership, la résilience sont quelques-uns des sujets communément abordés dans ses écrits.

Judith Glory n'a pas connu que des victoires et des succès. Non! Elle sait ce que signifie manquer de nourriture ou dormir a même le sol ; ou encore subir les conséquences de ses choix ; ce sont des expériences qu'elle a vécu.

Elle sait ce que signifie échouer, car elle a eu une cote part d'échecs, mais a appris à se relever et avancer avec joie à chaque fois.

Judith sait ce que signifie avoir un emploi de rêve et le perdre le lendemain.

Elle aide activement les femmes à développer leur leadership personnel et à s'épanouir où qu'elles soient.

Judith Glory est aussi une experte en leadership, un coach, une enseignante, une formatrice et une conférencière certifiée par John Maxwell lui-même.

Elle est aussi une consultante certifiée en comportement certifié DISC.

Elle travaille actuellement sur l'obtention des certifications Gallup et CAPP en Psychologie positive Appliquée(CAPP) car ces outils lui permettront de pouvoir aider encore plus de femmes.

Plus d'informations sur Judith Glory à l'adresse : http://judithglory.com/bio/.

AUTRES LIVRES PAR JUDITH GLORY

Consulter sa page d'auteur sur Amazon [1]pour les obtenir.

- **Livres en Anglais**
    - o Woman of Influence: Ten easy steps to reach the top and influence your peers.
    - o The Will to Win
    - o The single Mom Series
        - You can save 300+ each month
        - You can Dare to DREAM
    - o Give Him Praise
        - o Book to Course : How to turn your book into an online course

---

[1] https://www.amazon.ca/s?i=digital-text&rh=p 27%3AJudith+Glory&s=relevancerank&text=Judith+Glory&ref=dp byline sr ebooks 2

- **Livres en Français**

    o La fille au Cœur brisé

    o Le changement, ton Opportunité

    o Série Mères Célibataires

    ▪ Tu peux Oser…

    ▪ Tu peux sauver $300+ chaque mois (A venir 2019)

    ▪ Tu es plus riche que tu ne penses (A venir 2019)

JUDITH GLORY

UNE FEMME D'INFLUENCE

JUDITH GLORY

www.ingramcontent.com/pod-product-compliance
Lightning Source LLC
Chambersburg PA
CBHW021823170526
45157CB00007B/2667